多國籍企業經營策略

International Business Strategy

林彩梅　戴惟天　著

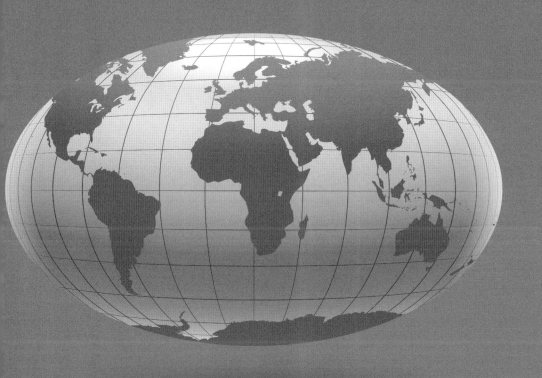

五南圖書出版公司 印行

序文

　　多國籍企業經營策略（International Business Strategy）的發展是爲世界經濟繁榮人類幸福。美、日多國籍企業都是世界成功的大企業。但其經營理念不同，管理制度也有些差異，經營策略也會有不同。由此，很值得學者們的用心研究，全球多國籍企業投資者經營成功與否，有重要的參考價值。

　　美國企業是以「法律」爲基礎的經營理念，其競手策略旨在建立一個有利可圖和可持續的地位，以對抗競爭對手（Ogutu & Samuel, 2007）。加上其文化及歷史背景，崇尙「個人主義」及鼓勵自由發展的資本主義爲主。在經營管理策略發展上，以泰勒（F.W.Taylor, 1911）科學管理思想之重點「效率」爲基礎，酬賞成果化，提高工作效率，以企業利潤極大化爲目標，快速發展美國企業全球化。

　　日本企業是以「倫理道德」爲基礎的經營理念。二次大戰後（1945），因二次世界大戰的兩個原子彈（廣島和長崎）的破壞，後續加上東京大地震，日本的經濟可說是從廢墟成長。至國外設立銀行「吸引資金」、引進技術「消化、改良、創新」，加上日本特有文化、歷史背景以及國際合作的民族精神，70 年代日本企業國際化發展，當時爲了企業能健全發展、社會繁榮，企業界積極專題演講「企業的倫理道德」，大學開設「倫理道德」課程，培育有倫理道德素養的優秀人才。因此日本企業的發展使命，以「倫理」爲企業經營之基礎，經營管理策略是以大內（William Ouch, 1981）Z 理論，爲消費者、員工的幸福，社會的長期利益極大化，國家經濟發展，世界和平，人類幸福爲目標。如今已是美國高科技共同研究的夥伴。

　　上述美、日兩國多國籍企業的發展、經營使命、經營理念的不同，經營管理制度會有差異，經營策略也會有不同，員工士氣會有差

異，消費者滿意度不同，國際市場占有率會改變。然而美、日都是經營成功的大企業，由此，美日多國籍企業經營策略值得探討。

本書分為十章，內容如下分析：

第一章：管理思想之演進

企業的成功在於員工士氣，為工作效率提升，經營者的管理思想極為重要。管理思想的近一百年的演進：1. 從古典科學管理思想泰勒（F.W.Taylor, 1911）認為必須「科學管理」效率化，依成果酬賞提高激勵效果。2. 現代科學管理思想梅堯（E. Mayo, 1918)認為管理者對工人的態度比「物質因素」更加重要。3. X 理論，Y 理論麥克葛瑞格（Douglas McGregor, 1966）重視人性，從「性善論」和「性惡論」決定獎懲。4. 超 Y 理論哈佛大學的羅斯和摩斯 (J. Lorsch & J. Morse, 1970）認為勝任感最能滿足員工士氣。5. Z 理論加州大學的大內（W. Ouchi, 1981）從內心激勵為顧客、社會長期力利益而努力。6. P 理論林彩梅（Lin Tsaimei, 2006）認為，和平文化經營理念才能團結不同民族，宗教文化差異的員工，為公司發展並提高國際間企業合作成果。

第二章：多國籍企業經營策略論

多國籍經營策略可分為「內部策略」和「外部策略」。內部策略可分為專業化，多樣化，外包、發展策略，管理策略，結構改變等。外部策略可分為許可，專營權、國際策略聯盟、子公司、併購等，其優缺點各項不同。經營者必須深入瞭解如何運用。經營策略的決定者是經營者，經營者的價值觀和倫理觀之差異對經營策略會有不同。

第三章：經營成功的王道經營哲學

經營者經營成功之要件，必須考慮員工的幸福、消費者的幸

福，以及如何獲得員工的信賴，消費者對公司的信任，才能獲得經營成功。因此，經營者成功的王道經營哲學值得學習。

第四章：多國籍企業倫理經營之優勢

聯合國對多國籍企業有道德之規範。在聯合國總部也正式啓動一項計畫，爲企業的永續經營和社會責任制度「全球盟約的十項原則」：人權、勞工、環境和反貪汙四個面向。J. H. Dunning 認爲，企業「道德經營之優勢，可獲優秀員工、好產品、供需關係、消費者之信任、國際企業之聲望。和平共生倫理金字塔理論啓示，青年學子持有和平共生精神，能落實倫理道德，彌補法律不足、紓解世界問題、人類幸福、社會繁榮，國家經濟發展、世界和平。

第五章：美、日多國籍企業經營理念

美國企業是重視「個人主義」鼓勵個人的研究，對其成果立即給予獎勵，公司利潤是以企業利益極大化。

日本企業是重視「團隊精神」、激勵團隊合作成果，重視忠誠、倫理、終身僱用制，公司利潤是以顧客、員工、社會長期利益極大化。兩者經營理念不同。

第六章：美國多國籍企業經營策略

此章以實例說明美國多國籍企業之成功策略。

第七章：日本多國籍企業之經營策略

此章以實例說明日本多國籍企業之成功策略。

第八章：美、日多國籍企業之異文化管理策略

異文化管理是多國籍企業跨國經營，在地主國子公司所要採取的管理制度策略。異文化管理可分爲第一文化管理（母公司的管理制度

和福利制度），第二文化管理是（地主國本土企業的管理制度和福利制度），第三文化管理是跨國企業子公司已知母公司的管理制度和福利制度，也瞭解地主國本土企業的管理制度和福利制度，爲提升子公司的員工士氣和經營績效能比地主國本土企業更好，（整合第一和第二文化管理之優點），提高經營成果。本章以實證調查美、日多國籍企業在臺灣和中國兩地的異文化管理策略分析。

第九章：日本多國籍企業內貿易效果策略

企業內貿易效果策略的目的是爲提高母子公司銷售總額，並能降低貿易順差，紓解國際間貿易不平衡的摩擦問題。日本對美貿易大幅順差，造成美國 301 之威脅；對歐盟因非會員國，面臨高關稅之阻礙。日本企業爲紓解此歐美兩大國際市場之障礙，而以「企業內貿易效果策略」，獲得高度的企業內貿易銷售總額，值得作爲各國貿易發展上之參考。

第十章：多國籍企業發展 PME 優勢理論

多國籍企業的發展 PME 優勢極爲重要。經營者持有「和平文化經營理念」（P），可紓解不同國家民族、宗教、文化的衝突，不僅提高公司員工和諧團結，更可提高國際企業合作成果。「和平文化經營理念」重視程度越高，越會關懷員工的幸福，採取「第三文化管理」（M），員工更會關懷消費者的幸福。爲提升員工士氣採用「世界市民教育訓練」（E），強調和平共生精神、維護生命尊嚴、人道主義競爭、尊重、關懷、寬容等，員工爲消費者幸福，自發性地以「匠心」生產高品質產品，以「關心」提高售後服務，消費者滿意度更高，經營策略成效更好、更擴大國際市場。員工自享工作的意義，以及人生之價值。

綜合上述十章，經營者持有和平文化經營理念，以倫理爲經營之

核心，制定管理制度和經營策略，提高社會經濟繁榮、世界和平、人類幸福。

　　本書之編印，承蒙五南圖書出版公司董事長楊榮川先生以及侯家嵐主編對於印刷、出版、發行等給予甚多協助，均在此一併深深致謝。唯本書付梓倉促，錯漏與謬誤之處，尚祈海內外賢達先進，敬請多賜予指正，至所企盼，無限感激。

林彩梅　戴惟天 謹上

2020 年 9 月

於中國文化大學

作者簡介

林彩梅

學位

> 日本近畿大學商甲第壹號商學博士
>
> 日本創價大學名譽博士
>
> 韓國湖南大學名譽行政學博士

經歷

> 中國文化大學特約講座
>
> 中國文化大學校長
>
> 中國文化大學商學院院長
>
> 中國文化大學國際企管研究所所長
>
> 亞太科技協會科技經濟組委員
>
> 經濟部產業發展諮詢委員會委員
>
> 中華文化總會諮議委員
>
> 臺灣創價學會首席學術顧問

中華民國多國籍企業研究學會理事長

日本多國籍企業研究學會會員

池田大作研究中心主任

大專體育總會會長

獲獎

日本創價大學最高榮譽獎

韓國慶熙大學最高榮譽獎

中華民國教育部教學特優教師獎

管理科學學會「第一屆李國鼎第壹號管理獎章」

戴惟天 Alex Tai

資格與訓練

- 臺灣特考級格
- 中國高級人力資源法務師
- CRM─美國國際金融財務暨管理學會國際風險管理師
- 美國西雅圖西提大學─企業管理學碩士
- 文化大學國際企業管理研究所博士生

現任工作

- 體育署信保基金顧問
- 臺南市政府食品安全協會理事
- 中華民國企業經營管理顧問協會理事
- 多家企業經營管理顧問

工作經歷

食品

- 容景精密科技股份有限公司總經理
- 臺灣比菲多發酵股份有限公司副總經理
- 旺旺集團（上海總部）直營發展事業部總經理／供應鏈總處總處長
- 聯合利華集團臺灣康寶／味之素股份有限公司營運協理
- 臺灣雀巢集團銷售管理經理

- 吉時洋行廠長
- 臺灣可口可樂行銷及設備經理

物流

- 聲寶集團─東源物流事業─總經理

零售

- 聲寶集團上新聯晴─總經理
- 英國特易購連鎖商店集團供應鏈／資訊總監

目錄
CONTENTS

目錄 CONTENTS

管理思想之演進

一、前言

多國籍企業經營策略（International Business Strategy）發展之目的，是為母國與地主國經濟發展均能有很大的貢獻，對世界經濟成長更有助益，對世界和平、人類幸福有更多奉獻。

二十世紀初，著名理論有「產品生命週期理論」（R. Vernon, 1966），MNE 利用技術移轉從先進國至新興工業國而至開發中國家，延長產品「成長期」的利潤。MNE 努力於「國際產業分工」發展策略。從產業內水平分工（產品差異化分工）、產業內垂直分工（工程間技術差距分工），以至「企業內分工」，以及企業間分工與貿易，而獲國際經營資源最佳經營策略成果、「國際產業分工理論」（入江豬太郎，1982）等。

二十世紀末，MNE 加強「企業併購」發展策略。世界各國為國家經濟發展，紛紛擴大經濟聯盟組織，成立區域聯盟市場。例如：歐洲聯盟 27 國（European Union，簡稱 EU，2002）；北美自由貿易協定三國（United States-Mexico-Canada Agreement，簡稱 USMCA，2018）；東南亞國家協會 11 國（Association of South East Asian Nations，簡稱 ASEAN，2012）等。區域外以高關稅抵制外國產品輸入，區域內以免關稅之誘因大幅引進外來投資。MNE 積極投資於廣大的區域市場，更進一步加強「企業併購」發展策略，提高高科技技術，整合龐大資源，集合優秀人才，以及擴大國際市場策略，提高企業國際競爭優勢。對外投資「ＯＬＩ優勢理論」（J. H. Dunning, 1992），內容包括：所有權優勢（Ｏ）、區位優勢（Ｌ）、內部化優勢（Ｉ）。「企業內貿易效果策略理論」（林彩梅，1996）增加母子公司銷售總額，減少貿易順差，降低國際間貿易摩擦問題。

二十一世紀，MNE 重視倫理道德經營優勢發展策略。MNE 快速發展，依理對社會繁榮、國際經濟成長、人類幸福必有更多貢獻，

但是不然，2001 年美國第七大企業安隆公司會計做假帳公司破產事件、美國 2007 年具有 150 年歷史大企業雷曼兄弟公司倒閉事件等，影響很多國家的經濟發展和人類健康幸福等問題，這些多出於企業缺少「倫理道德」之經營所造成。J. H. Dunning 強調沒有道德的企業經營會失敗（Making Globalization Good, 2003），提出以「倫理道德經營之優勢理論」（2003）；池田大作提出「和平共生倫理金字塔理論」（2015），強調全球公民教育，不在他國的犧牲上建立自國的經濟繁榮，和平共生自他彼此都幸福。林彩梅提出多國籍企業發展「PME 優勢理論」（2011），MNE 發展秉持「和平文化經營理念」（P），為員工幸福選擇「第三文化管理」（M），為消費者幸福對員工採取「世界市民教育訓練」（E），以匠心製造高品質產品，以關心做好銷售服務，消費者滿意度高，公司獲得更廣大之國際市場，經營績效最佳。

　　本書以美日多國籍企業經營策略為重點，茲因美日兩國多國籍企業都很成功，經營績效也都很好，但是，美日兩國多國籍企業的經營理念、企業文化、經營策略有些不同，對經營績效將有影響，值得學術界研究，對世界各國 MNE 之發展也有高度參考價值。

二、管理思想之演進

　　管理思想之演進近 100 年從「外部的獎勵理論」酬賞成果化，發展至「內心的激勵理論」和平文化經營理念。從古典科學管理思想（泰勒，1911）、現代管理學思想（梅堯，1918）、X 理論、Y 理論（麥克葛瑞格，1966）、超 Y 理論（羅斯與摩斯，1970）、Z 理論（大內，1981）到 P 理論（林彩梅，2000），值得經營管理者研究參考。

（一）古典科學管理思想

　　管理思想之演進，近一百年從古典科學管理學派分析，依二十世紀初被稱爲「科學管理之父」的泰勒（Frederick W. Taylor, 1911）思想，認爲工作或任務效果之提高，悉賴於工作或任務之「科學管理」。對此提出管理的四項原則如下：

　　管理專業化：管理專業化活動所追求之目標，爲增加生產效率以及減少勞力及原料資源之浪費。

　　工作標準化：爲達成管理目標需要效率，而效率的達成需靠標準引導，可藉「時間研究」與「動作研究」而達成。

　　執行教導化：依工作標準化，訓練、教導徹底執行。

　　酬賞成果化：依成果酬賞，提高激勵效果。

　　以上四種原則，古典科學管理之重點係「效率」。其實工作效率的提高，在於工作人員對工作的態度與價值觀，如風紀、團隊精神、忠誠、熱情、樂群等同舟共濟之理念。

（二）現代科學管理思想

　　強調人類的心理及生理因素，對工作效率提升之重要性，而主張管理應重視人類行爲因素者，稱爲「人群關係派」。自 1920 年後，梅堯教授（Elton Mayo, 1918）之論調漸被重視，被稱爲「企業人群關係之父」。科學管理不斷地重視人群行爲，對管理問題之觀察、分析以及決策，不但應用數量方法等科學原則，而且強調人類「行爲科學」之引用。

　　梅堯教授研究發現，「管理者對工人之態度」，顯然比古典科學派所重視之勞工作息時間、工作時間、酬賞制度化等之「物質因素」更加重要。認爲管理者如果將工作人員非以「機械化」管理，而是以

「尊重人性」管理，則工作人員之效率將更提升。由此人群關係之發掘與推廣，對社會心理之貢獻莫大，也引導 50 年代「X 理論」、「Y 理論」、「超 Y 理論」，以及「Z 理論」的產生。

（三）X 理論與 Y 理論管理思想

1930 年代經濟大恐慌後，那種努力自我工作就能確保工作的理念，隨著高度失業率而幻滅，古典理論學派被批評，員工並非機械齒輪，不可忽略人性的存在。因此，新古典學派強調員工的士氣以及群體間的需求。以麥克葛瑞格（Douglas McGregor, 1996）的 X 理論與 Y 理論來說，其假設如下：

1. X 理論

(1) 一般人生性不喜歡工作，且盡可能的逃避工作。

(2) 由於一般人不喜歡工作，因此管理者須對部屬予以嚴密的控制，並以強迫、威脅、處罰等方式使他們達成組織的目標。

(3) 一般人喜歡被人指導，且沒有雄心，甚至希望逃避責任，且只追求經濟上的安全感。

麥克葛瑞格對此假設不完全贊同，因此又提出相反的理論。

2. Y 理論

(1) 人在工作上花費體力與腦力是很自然的事情，就如同遊戲或休閒。

(2) 外來的控制和處罰的恐嚇，並不是激勵員工完成組織目標的唯一方法。

(3) 激勵員工完成組織目標的最佳方法，是滿足他們的成就感。

(4) 在適當的環境下，一般人不僅會學習接受責任，而且也會追求責任。

(5) 大部分的人都有高度的意念、誠意與創意去解決組織的問題。

綜上分析，「X 理論」與「Y 理論」如同「性惡論」與「性善論」，管理者應視情況及部屬心態與能力，而決定採行何種管理，能使組織達到最高績效。

（四）超 Y 理論管理思想

在權宜學派的觀點，對人性的觀念亦抱持新的論點，哈佛大學教授羅斯（Jay W. Lorsch, 1970）與摩斯（John J. Morse, 1970），提出「超 Y 理論」。強調工作、組織和人三者間之最佳配合。其觀點如下：

1. 人懷著多種不同的需求與動機加入工作組織，但主要的需求乃實現其「勝任感」。
2. 勝任感人人皆有，它可被不同的人用不同的方法來滿足。
3. 當工作性質與組織型態能適當配合時，勝任感最能滿足。即工作、組織以及人員間之恰到好處的融合，能夠引發個人強烈的勝任動機。
4. 當一個目標達成時，勝任感可以繼續被激勵起來：目標已達成，新的更高目標就又產生。

（五）Z 理論管理思想

「Z 理論」是美國加州大學洛杉磯分校（UCLA）管理學教授威廉・大內（William Ouchi, 1981）所著。「Z 理論」即是從日本企業的經營特色、整體觀點出發，爲企業界規劃哲學藍圖和實行步驟，希望能把破成碎片的企業重新拼湊起來，使企業組織能在經營哲

學的貫穿下，通盤考慮對顧客、員工和社會的長期利益，同時使企業中個人參與決策、互相坦白、彼此信任，重新建立健全完整的人際關係。換言之，「Z 理論」的企業最基本經營哲學，是考慮「人與工作、與企業」的關係，以及「員工、顧客和社會」的長期利益。

（六）P 理論管理思想 —— 和平文化經營理念

和平文化經營理論「P 理論」（林彩梅，2000），認為 MNE 領導者必須具備如下十項經營理念，企業全球化成效才能發展。

1. 企業經營為全人類利益極大化

領導者之經營理念利潤極大化，並非只考慮「企業本身利益極大化」，而是考慮「全人類利益極大化」。

2. 要有慈悲、智慧與勇氣

領導者必須持有包容人的慈悲，以及克服一切困難的智慧，此智慧不但能拓展人類精神的創造性，也能克服人類社會面的任何危機，並能以正義的勇氣徹底執行，使全球企業達成和平、富裕共生、提高經營績效。

3. 持有企業倫理、產業道德

領導者必須持有「世界觀」、「關懷世人」，以「企業倫理」及「產業道德」為員工、消費者和社會的長期利益。

4. 優良的「企業市民」

MNE 全球化過程中，必須遵守各國法律制度，尊重各區域的文化、習慣，必須對地主國經濟、社會發展有貢獻，且能獲國際社會信賴的企業市民。

5.重視當地環保與人民健康

研發、生產各種高科技的產品，同時必須關懷當地之環保，人民之健康。

6.世界公民和平共生精神

加強「世界市民教育」和平共生精神，不分種族、民族、宗教信仰、膚色等文化的差異。互相不是排斥，而是尊重、理解多元文化，並珍惜此差異而成為自己的友情資源，共享和平共生、人民幸福、社會繁榮。

7.「王道文化」管理

領導者要以「王道文化管理」，以「德」感化之管理方式。不僅「尊重人性管理」，更要「啓發人心管理」。對部屬的激勵可運用滿足理論，從「自我實現」的人生需求，提升到最高境界「勝任感」的最高滿足，使其達到最高的成就感。

8.眞誠國際友誼，提高國際合作成果

「多民族國家和諧」的智慧，在於「眞誠之心」，「心」的距離最重要。建立「眞誠國際友誼」，提高國際團結合作成果，共享和平與繁榮。

9.關懷世界市民，尊重人權

同為世界市民，要關懷他國民族與他國利益，尊重「人權」以及人的「尊嚴」，以達「世界和平、人類幸福」。

10.菩薩行的企業組織

「菩薩」是形容有愛心與關懷。全體員工不只對公司盡忠職守，更有高度關懷全球消費者之利益，以「匠心」製造高品質，力求「價

廉物美」，以「關心」關懷客戶，親切、及時的完善售後服務，而獲消費者高滿意度與信賴，並以「人道競爭精神」提升企業的國際競爭力。

【附註】

1. Fredrick W. Taylor (1911). *Principle of Scientific Management*, N. Y.: Harper Row.
2. Elton Mayo (1918). *The Human Problem of an Industrial Civilization*, N. Y.: The McMillion Co..
3. Douglas McGregor (1966). *Leadership and Motivation,* Cambridge Mass: MitPress, p.67.
4. John J. Morse & Jay W. Lorsh (1970). "Beyond Theory y" *Harvard Business Review*, May-June.
5. William Ouchi（1981），威廉・大內著，黃明堅譯（1981），《Z理論》，長河出版社。威廉・大內是日裔美國人，黃明堅是浙江麗水人。
6. 林彩梅（2017），《多國籍企業》第七版，五南圖書出版股份有限公司。
7. 林彩梅（2006），同〔註6〕。
8. Ralph White & Round Lippitt (1960). *Autocracy and Democracy: An Experimental Inquiry*, N. Y.: Haper & Row, pp. 26-27.
9. A.H. Maslow (1943). *A Preface to Motivational Theory*, Psychosomatic Medicine, pp. 85-89.
10. 同〔註1〕。
11. Otterbeck, L. (1981). "Concluding remarks and a review of subsidiary autonomy", *The Management of Headquarters Subsidiary*

Relationships in Multinational Corporations, L. Otterbeck (ed.), pp.337-343. Aldershot: Gower.

12. 同〔註5〕。

13. John H. Dunning (2003). *Making Globalization Good*, OXFORD.

14. Vernon, R.(1966). "International investment and international trade in the product cycle", *Quarterly Journal of Economics*, (80), pp. 190-207.

15. Dunning, J. H.(1977). "Trade, location of economic activity and the MNE: A search for an eclectic approach" In H. Ohlin (ed.), *The international allocation of economic activity*, New York: Holmes and Meier, pp. 124-186.

16. 入江豬太郎（1974），《多國籍企業》，ダイヤモンド社，p. 4。

多國籍企業經營策略論

一、經營策略與企業倫理

「經營策略」是為達成經營目的的各種活動指針。其體系是「基本政策」和下級各部門「管理政策」所形成之體系政策「經營管理階層體系」。高階管理者的經營政策是「基本政策」，而各部門是「管理政策」，分為購買、製造、行銷、財務、人事等職能別政策，都依基本政策精神具體化。高階管理者的政策課題是，如何使基本政策和各部門管理政策形成「合理政策」，為實現政策而設計合理的經營管理結構，並分配企業內的資源，落實基本的指導和控制。

經營策略從廣義而言，包含「經營政策」；從狹義而言，則是各部門「管理政策」內容明定更具體化，執行業務的內容，考慮環境或競爭對手的對應，執行的時間或情況也都要有概略性的決定策略。換言之，經營策略的內容必須決定的是，有關多角化或是擴大化的方針，組織、人事等有關管理面之基本方針，有關財務面的基本方針，行銷、購買、原料等有關經營面的基本方針，以及環境或競爭狀態的變化概略性看法分析等，這些部門都稱為「多角化策略」、「人事策略」或是「行銷策略」等。策略的展開有其「共同關聯性的效果」，其共通互相協助的活動效果，將大於個體的活動效果。因此各部門經常考慮各種策略間「相互依存關係」的利益極大化，促進公司經營績效更大幅成長。

經營策略是企業在市場經營下與國內企業、國外企業的競爭。在全球競爭市場中，對企業將來成長的重要目標，而對今日的經營資源如何做重點分配，決定長期的經營方針，即是「經營策略」。

經營策略之意思決定其目的是為企業的成長而選擇產品和市場，而追求產品市場策略和最終意思決定是經營者的「倫理觀」。雖然在行銷上有著名的 SWOT 的分析，公司內部環境和外部環境的關係以「強」、「弱」、「機會」、「威脅」之觀點而決定，但是

對 SWOT 分析而需要決定者，是經營者個人的價值觀、倫理觀之差異而會有不同。因為經營者需要考慮的是企業存在的意義和社會的使命，將是經營策略上的判斷基準。

美國企業的經營理念是依「泰勒」的「科學管理」理念為重心，鼓勵個人的工作效率化、成果獎勵化、企業利潤極大化。而日本企業是依「大內」的「Z 理論」之理念，重視團隊合作的精神，員工、消費者、社會長期利益極大化。因此對美國的經營策略將有些不同。

經營策略論（Management Strategies）著名研究者 H. Igor Ansoff（1918-2002）的經營策略之概念，策略意義的目的是決定如何為企業的成長，選擇最佳「產品和市場」的組合，但企業如何創造市場、產品，建構何種競爭力的事業領域，則是經營策略的中心課題「產品與市場策略」。著名的 Kenneth R. Andrews（2005）對 Ansoff 的經營策略功能的研究，注意到追求產品市場策略的最終內容的決定，是經營者的「倫理觀」。Andrews 是哈佛大學商學院行銷學著名的教授，他提出「SWOT 分析」：公司內部環境與外部環境的關係以「強」（Strengths）、「弱」（Weakness）、「機會」（Opportunities）、「威脅」（Threats）觀點而考察，他被稱為「經營策略之父」。他認為經營策略是經營者的夢，挑戰的思想，欲成為具體化，必須先瞭解經營者的「價值觀」、「倫理感」。並非單純功能合理的產品市場和 SWOT 分析，而是企業存在的意義，社會的使命有何明確目標才是問題。

經營者個人的價值觀和道德感並非在言語上的明示，而是表現於策略上的判斷，即是經營者的意思決定的表現，反映在各事業上。因此，對企業存在的意義、社會的使命、如何持有明確的使命感，不可不明確，且必須是堅強的意思決定。

企業存在的理由若只限於經濟面是很短視的，企業的經營策略是對社會的使命要有目標。若從經濟面著眼，Ansoff 的產品市場功能

合理性的另一方面考慮是經營資源的重點分配，但是經營策略是人類的活動行為，對此最終內容下決定的是公司的最高經營責任者，即是CEO。由此全公司的組織，從經理、課長、主任到課員，都會注視CEO的經營行動。雖然是經營策略，其實具體擔任職務的每個人，對職務必須持有倫理感，其經營策略的成果才能更完美。

二、多國籍企業經營策略

（一）經營策略的功能

多國籍企業經營成功與否，在於其經營策略功能之發揮，多國籍企業經營策略內容，Richard D. Robinson（1984）認為，應包括如下1至7項，以及其他學者意見，總計共有10項，分析如下：

1. 行銷策略：需考慮行銷的實體（商品與服務、技術產出）、行銷標的（潛在市場的分析）、市場調查與浸透、時間的視野、外國市場流通經路的選擇、顧客服務、產品促銷的選擇、產品的供給源、價格的形成。

2. 勞資關係策略：需考慮對從業員的責任、經營參加的程度、勞動組合對策、募集從業員與職務薪資、職業訓練與能力開發、薪資與獎金。

3. 人事策略：需考慮海外經營者的選定，海外勤務的準備、海外經營者的晉升、報酬、管理型態的選擇、管理行動考察。

4. 所有策略：需考慮所有型態，國際企業所有權利與資產、當地所有權利與資產、外國合作企業的選擇。

5. 財務策略：需考慮價格移轉之設定、資金種類、投資的實體。資金調度來源、對收益流程請求權的保護（政治風險、外匯風險）。

6. 法務策略：需考慮企業法人的組織型態、獨占禁止法、財產權的

保護、稅法。

7. 經營目標策略：需考慮策略的法定權、企業進化論的發展、內部構造、經營計畫、戰術意思決定權限、業績報告方法、業績評價。

8. 技術策略（齊藤優，1979）：需考慮 R&D 資源的世界性利用、世界性技術管理、技術輸出策略。

9. 國際課稅對應策略（入江豬太郎，1974）：需考慮國際課稅原則，外國稅額扣除、稅金的延納、納稅迴避策略、外國的所得與本國的所得、理想的國際扣稅原則。

10. 企業內貿易效果策略（林彩梅，2000）：為提高母子公司銷售總額，減少母國對地主國之貿易順差（降低），降低國際貿易摩擦問題（減少），促進外來投資高科技之移轉。策略內容包括：輸出代替效果、逆輸入效果、輸出誘發效果、輸入轉換效果。

（二）美國企業競爭策略

　　美國企業的競爭策略旨在建立一個有利可圖和可持續的地位，以對抗競爭對手（Ogutu & Samuel, 2007）。加上其文化及歷史背景，崇尚個人主義及鼓勵自由發展的資本主義為主，在近代的經營管理策略發展上，以泰勒（Taylor）的科學管理為基礎，快速擴大企業的經濟效能，在近幾年的企業發展上，基於企業內部和外部的分析（分別是環境、企業本身），更加入了眾所周知的 Learned e.p.、Cristiensen, C.K.、Andrews, K.R.、Guth, W.Q. 之企業策略 LCAG（或 SWOT）模型，指出企業的優勢、劣勢、機會和威脅。透過整合社會價值和管理者的價值，分析得出最終的決策和策略的形式（Therin, 2003），關於全球策略的學術研究，最早是出現在 1980 年代，以 Michael Porter 和 Christopher Bartlett、Sumantra Ghoshal 的論述最為重要。他們認為帶來全球化的競爭力量是來自於技術變革和經濟體

系，特別是資訊技術領域的快速提升。由於以上這些因素的影響，促進並要求跨國的國際型公司必須訂出在全球範圍的多國籍經營策略。

當美國企業持續擴大至跨國發展時，面對當前的全球經濟環境，使「國際化」成為大多數公司的關鍵經營策略之一（Furrer, 2011；巴克利和高里，2004）。市場和競爭的全球化，迫使企業走向全球舞臺，成為多國籍企業。多國籍企業在定義上可稱為擁有和控制兩個或兩個以上國家重要商業活動的公司（Buckley & Casson, 2009；Bartlett & Beamish, 2010）。企業要想形成競爭力，就必須比競爭對手創造更多的價值。這種越來越著重國際化的趨勢，給研究多國籍企業策略帶來了新的挑戰與學習，尤其是關注多國籍企業如何實施其策略以及如何實現和保持競爭優勢（Madhok & Liu, 2006）。

策略一詞最初用於軍事領域，指帶領軍隊面對敵人，以取得勝利為目的；隨著時間的推移，它也被用於管理一個地區或全球的管理和規劃，然後轉移到商業環境。多國籍企業所採用的策略極為多樣化。要瞭解大型多國籍企業所採用的成功的策略，就必須分析它們的優勢和劣勢，以得出產生差異的主要因素。雖然透過企業的合併和授權是較不受歡迎的策略方式，但在過去所獲的資料中，我們發現創新、降低成本和市場條件，應是支持成功的內部策略的關鍵因素，而策略聯盟和多樣化是國外市場滲透和發展最廣泛應用的策略。

世界經濟（並非是二個靜態或線性的發展模式，而是一個持續性的動態且複雜發展模式），多國籍企業是在一個複雜網絡中的主要節點。多國籍企業在其當地國子公司的市場中承擔著各種風險，如國有化、沒收、禁運、政治不穩定等。同時，多國籍企業面臨的限制範圍也非常廣，例如：環境法規、不當競爭法律或某一地區的特定規定、當地語言的使用需要、影響當前立法的遊說團體、偏袒某些公司團體等。因此，多國籍企業必須找到最適當的策略，以減少對多國籍企業產生風險，並有能力實現母公司的目標和保持競爭力。

　　鄧寧的折衷理論（Dunning, 1977, 1988, 1993）中提出包含交易成本經濟學（Transaction Cost Economics, TCE），一直是用來解釋多國籍企業存在的主要方法之一。TCE 擴展也是內部化理論的一部分，它也運用在多國籍企業的區域策略和進入國外市場模式（Buckley & Casson, 1976, 2009）。近年來，許多美式多國籍企業策略的重點，從多國籍企業存在的原因轉向跨國公司業績異質性的解釋（Kogut & Zander, 1993）。因此，在資源的有限及取得上，Barney（1991）的資源基礎競爭優勢理論被用來解釋這種異質性（Peng, 2001）。錢德勒很久以前就指出，考慮到對環境的反應，公司實施策略和組織結構之間的一致性和協同性是非常的重要（Heather, 2009）。正如 Verbeke 和 Brugman（2009）所強調的，多國籍企業績效之間的關係，需要綜合的取決於經營環境和公司的具體特徵。這兩種方法最近都被許多美式多國籍企業所運用，這些多國籍企業透過其企業特徵及其經營環境的共同進化來實現和保持長期的競爭優勢（例如：Madhok & Phene, 2001; Madhok, 2002; Madhok & Liu, 2006）。

三、全球策略之重要性

　　策略是外因性的，在本質上對環境（政治、氣候）是有很強的依賴，因此在環境條件持續不斷變化的需求上，企業必須創造強烈的適應能力（Barney, 1991）。此外，策略的運作和內因性的──業主、管理、企業的規模、組織的年齡、企業的複雜性、位置、技術和技術能力、人力資本、資訊管理、經濟潛力、組織文化地主國（Stoicescu, 2009）。所運用的理論策略，會依其當時的時代和經營環境的影響（Dunning, 1993），以及企業在經營管理過程中，透過經營績效的反饋，而不斷發展和實踐改進（Furrer et al., 2008）。因此，多國籍企業的公司策略結構，對其如何在地主國和全球競爭環境

當中，所採用的策略及理論，就會有所不同的變化。這些結構知識是非常有意義。與此同時，在業界的經營者將也會發現，根據地主國或全球日益變化的情況做調整，對跨國公司的策略是有益的。總之，可能需要許多不同方法的組合來面對來自不同文化的挑戰。

從公司的角度來看，國際擴張可以為新的銷售和利潤提供潛在的機會。例如：因為有些民生產品的企業在母國市場的銷售利潤率較低（特別是亞洲區域的公司，如中國的一些大型企業，因其經濟條件及內部競爭激烈），所以促使它們採取全球化策略，到海外設立辦事處，建立工廠或併購海外公司，尋求擴大其在海外高銷售利潤及市場地位，或是取得先進技術等。除了新的銷售機會及內部強化外，還有其他更多的原因需要擴大公司的競爭能量市場。例如：早期很多的多國籍企業為了尋求效率提升與費用的下降，促使這些公司為取得開發中國家較低的勞動力成本而走向全球化。另外有些大型的 MNE 為尋求策略資產快速增加，會透過收購有優勢或能產生綜效的海外公司，來增強母公司相對於競爭對手的市場領導地位。

此外，從客戶的需求角度來看，許多在地消費者喜歡擁有代表全球形象的產品和服務，促使擁有這類產品的公司進入海外市場。例如：美國職業籃球聯賽（NBA）品牌或迪士尼卡通人物的服飾、用品。而國際貿易的流暢，可以因為市場規模的擴大，導致服務和商品的價格降低，而這種經濟附加價值可以來自更大的全球基礎。

四、多國籍企業制定的全球策略

多國籍企業（MNE）在定義上，是指在國內或國外提供或控制貨物、服務的組織。例如：「當一家公司在多個國家有業務往來或在多個國家有註冊公司時，它就可能會被被認為是 MNE」。通常，大部分的多國籍企業是在不同國家有生產、銷售產品，或是有做服務的

大公司。

　　因為近年來世界經濟全球化趨勢的快速發展，直接鼓勵了許多組織從原來的對外貿易擴大到直接海外投資，尤其是擁有豐富資源的多國籍企業，檢視他們在不斷發展及成長的市場中競爭的方式，可以看到它們的產品、市場、後勤和財務工作的相互支援，以不同的步伐做著緊密結合，朝向著「全球化」系統的目標發展。多國籍企業的全球策略目標，是一個複雜且完備的策略結構，在日益複雜的全球環境中，需要考慮公司資源的完善配置，以期能用最少的資源取得最高競爭力，達到競爭地位增強，並能最大程度地提高整體效益。一般多國籍企業透過海外地主國提供有吸引的政策，選擇對其最有利的國家或地區來安排其投資，並協調和連接其他在不同國家／地區的海外子公司，做出最佳的經濟活動組合。全球策略會有助於多國籍企業在最短的時間內，及時將技術開發的成果轉移到海外各子公司的市場，縮短各分公司的管理或開發創新成本，增強公司在地市場的核心競爭力。

　　通常規模很大的公司在不同的國家或地區設有辦事處、工廠或分公司，通常還有一個總部用來協調全球的管理工作。

　　多國籍企業所採用的策略方式，一般是指：1.可以實現目標的方案集合；2.根據形勢發展而制定的行動方針和競爭方法；3.有競爭藝術，能注意方式、方法。

五、主要策略類型態分析

　　經營策略類型態（如表2-1）所示，多國籍企業經營策略可分為「內部策略」（internal strategies）和外部策略（external strategies）。

表 2-1　多國籍企業經營策略類型

策略類型 （Type of strategy）	優點 （Advantages）	缺點 （Disadvantages）
內部策略（Internal Strategies）		
專業化 Specialization	- 專注於一個方向 - 簡化管理 - 更有效的管理 - 鞏固形象 - 提高生產力	- 如果需求較低或根本不存在，則破產風險較高或利潤較低 - 從技術上過時的風險較高 - 適應環境的能力較低
專業化 （Specialization） 和多元化 （Diversification）	- 更高的經濟效率	- 較低的破產風險
多樣化 （Diversification）	- 降低風險 - 可能提高了營利能力 - 在成熟或飽和市場中有效	- 管理效率低下 - 需要一致的財政資源 - 更適合於低強度行業 （例如：服務）
外包（管理策略，Outsourcing Management Strategic, 2010）	- 注重核心能力 - 透過外包給專業公司提高活動質量 - 降低成本	- 創新能力下降 - 公司決定外包的工作損失 - 無法獲得預期結果的風險 - 技術轉移風險
發展策略（增長，增加產量和營業額，透過新產品或新市場降低成本）（Stoicescu,2009）	- 談判能力增強 - 面對競爭的能力更高 - 經濟整合	- 更高的投資 - 高風險的選擇
透過內部手段實現內部增長（Internal growth by own means, 2009）	- 面對國外市場的激烈競爭時，可以在原籍國提供結果	- 達到目標的時間很長

續表 2-1

策略類型 （Type of strategy）	優點 （Advantages）	缺點 （Disadvantages）
基準化（管理策略，Benchmarking Management Strategic, 2010）	- 激勵員工，激發創造力 - 擴大專業知識 - 找到最佳實踐並在內部應用它們	- 相對於利潤可能不合理成本
結構改變（管理策略，Restructuring Management Strategic, 2010）	- 因裁員而節省成本 - 長期改進的性能 - 內部重大重組	- 就業和人才流失
外部策略—進入市場（External Strategies - For Entering a market）		
許可：授權（License, Cullen & Parboteeah, 2010; Ghiţă, 2006）	- 容易進入，避免進入障礙 - 走向全球的低成本和風險最小的機制 - 市場傳播迅速 - 在本地市場上僅需要有限的專業知識 - 最適合政治體制不穩定的國家	- 商品或服務的宣傳不足 - 在同一許可證下活動或創造新競爭對手的多個生產者之間的競爭 - 可能違反協議
專營權（Franchise, Cullen & Parboteeah, 2010; Ghiţă, 2006）	- 用較低的投資，快速將品牌全球化 - 降低財務風險 - 易於在當地房地產市場上進行操作，並易於僱用和培訓人員，經營加盟商店 - 在高關稅、配額、法規、兩個國家之間的距離過長而增加運輸成本的情況下，對於那些沒有投資價值的小市場，它比出口更具吸引力	- 特許人的低利潤 - 即使特許人要求嚴格的規則和程序，其控制權也會減少 - 被特許人成為特許人競爭對手的風險 - 難以將收入轉移給母公司 - 如果特許經營者不符合母公司的標準，可能會產生負面形象 - 可能的標準化產品或服務 - 成功取決於管理層和當地法規

續表 2-1

策略類型 （Type of strategy）	優點 （Advantages）	缺點 （Disadvantages）
國際策略聯盟 （International Strategic Alliance, Cullen & Parboteeah, 2010; Ghiță, 2006）	- 減少進入壁壘 - 風險分擔 - 共享技術 - 產生規模經濟 - 改進了有關當地市場的專業知識和績效 - 由於所有合作夥伴支持的成本降低，最終產品的價格較低，這歸功於互補技術帶來的更高質量和更快交貨	- 每個合作夥伴所需的擴展資源（包括時間） - 文化衝突 - 在組織文化不兼容的情況下失敗 - 聯盟可能導致組織團隊失衡
子公司（Subsidiary, Ghiță, 2006）	- 高度控制 - 與客戶直接聯繫	- 高成本 - 確保最低限度的強制性活動
併購（Mergers and Acquisitions, Cullen & Parboteeah, 2010; Ghiță, 2006）	- 規模經濟 - 對地方計畫的存在和立即採取的行動 - 規模增加 - 克服進入壁壘，促進在國外市場的發展 - 風險分散 - 獲得新的策略資產；從獲得的市場份額和現有的客戶、合作者開始 - 獲得市場第一的地位，並長期獲得利潤	- 收購公司的債務 - 文化和兼容性衝突 - 過度多樣化 - 由於規模和其他不兼容性而導致的協調和重組困難 - 勞動生產率降低 - 收購時，公司評估不一致 - 重要客戶的可能流失

資料來源：Cullen, J. B., & Parboteeah, K. P. (2010). *International Business, Strategy and the Multinational Company*, New York: Routledge; Ghiță, R. (2006). *Globalizarea Firmei*. Bucharest: Ed. Economică; *Management Strategic* (2010). Retrieved 2012.

（一）內部策略模型

內部策略模型及其優缺點（如表 2-1）分析如下：

1. 專業化（specialization）。優點：專注於一個方向，簡化且更有效的管理；鞏固形象；提高生產力。缺點：如果需求較低根本不存在，則破產風險較高或利潤較低；從技術上過時的風險較高；適應環境的能力較低。

2. 多樣化（diversification）。優點：更高的經濟效率；可降低風險；可提高營利能力；在成熟或飽和市場中有效。缺點：較低的破產風險；管理效率低；需要一致的財政資源；更適合於低強度行業（如：服務業）。

3. 外包（管理策略）（outsourcing management strategic）。優點：注重核心能力；透過外包給專業公司提高活動質量；降低成本。缺點：創新能力下降；公司決定外包的工作損失；無法獲得預期結果的風險；技術有轉移成為潛在競爭者的風險。

4. 發展策略（progress）增加產量和營業額，透過新產品或新市場降低成本。優點：談判能力增強；面對競爭的能力更高；經濟整合。缺點：更高的投資；高風險的選擇。

5. 透過內部手段實現內部增長（internal growth by own means）。優點：面對國外市場激烈競爭時，可以在原籍國提供結果。缺點：達到目標的時間很長。

6. 基準化（管理策略）（benchmarking management strategic）。優點：激勵員工，激發創造力；擴大專業知識，找到最佳實踐並在內部應用它們。缺點：產生相對於利潤可能有不合理成本。

7. 結構改變（restructuring management strategic）。優點：因裁員而節省成本；長期改進的性能；內部重大重組。缺點：就業和人才流失。

（二）外部策略類型

外部策略類型及其優缺點（如表 2-1），分析如下：

1. 許可（授權）（license）。優點：容易進入，避免進入障礙；走向全球的低成本和風險最小的機制；市場傳播迅速；在本地市場上僅需要有限的專業知識；最適合政治體制不穩定的國家。缺點：商品和服務的宣傳不足；在同一許可證下活動或創造新競爭對手有多個生產者之間的競爭；可能違反協議。

2. 專營權（franchise）。優點：用較低的投資快速將產品品牌全球化；降低財務風險；易於在當地房地產市場上進行操作，並應於僱用和培訓人員，經營加盟商店；在高關稅、配額、法規、兩個國家之間的距離過長而增加運輸成本的情況下，對於那些沒有投資價值的小市場，它比出口更具吸引力。

   缺點：特許人的低利潤；即時特許人要求嚴格的規則和程序，其控制權也會減少；被特許人成為特許人競爭對手的風險；難以將收入轉移給母公司；如果特許經營者不符合母公司的標準，可能會產生負面形象；可能的標準化產品或服務；成功取決於管理層和當地法規。

3. 國際策略聯盟（international strategic alliance）。優點：減少進入壁壘；風險分擔；共享技術；產生規模經濟；改進有關當地市場的專業知識和績效；由於所有合作夥伴支持的成本降低，最終產品的價格較低，這歸功於互補技術帶來的更高質量和更快交貨。

   缺點：每個合作夥伴所需的擴展資源（包括時間）；文化衝突；在組織文化不兼容的情況下失敗；聯盟可能導致組織團隊失衡。

4. 子公司（subsidiary）。優點：高度控制；與客戶直接聯繫。缺點：高成本；確保最低的強制性活動。

5. 併購（mergers and acquisitions）。優點：規模經濟；對地方計畫

的存在和立即採取的行動；規模增加；客服進入的壁壘，促進在國外市場的發展；風險分散；獲得新的策略資產；從獲得市場的份額和現有的客戶、合作者開始；獲得市場第一的地位，並長期獲得利潤。

缺點：收購公司的債務；文化和兼容性衝突；過度多樣化；由於規模和其他不兼容性而導致的協調和重組困難；勞動生產效率降低；收購時，公司評估不一致；重要客戶可能流失。

六、創新和差異化策略

在馬特‧黑格的書中（Matt Haig, 2009），描述過去一百年裡，世界上最大的和最著名的品牌中，我們可以發現成功的共同元素，可以分析出每個多國籍企業所描繪的創新策略及開發研究執行（也是一種創新），所尋求地緣經濟和資源的策略。

在中國，外國直接投資的方向是有效的搜索和市場策略（Rashad & Yan, 2011）。表 2-1 中，列出了企業經常選擇的幾種策略的主要優點和缺點（綜合 Cullen & Parboteeah, 2010; Ghiţă,2006；管理策略，2010；Stoicescu, 2009）。

《商業週刊》（*Business Week*）和《華爾街日報》（*Wall Street Journal*）對美國的合併（fusions）進行了一項研究（*Management Strategic*, 2010），得出的結論是，超過一半的合併對其利益相關者或股東產生了負面影響，大約只有 20% 的合併和收購是成功的，而大約 60% 的結果是不滿意的，其餘的 20% 都是失敗的。歐盟統計局（Eurostat）對 12 個歐洲國家超過有 100 名雇員之企業進行的國際採購調查顯示（*Eurostat*, 2008），在 2001 年至 2006 年期間，16% 的受訪企業將業務外包或發包到國外。參見圖 2-1（*Eurostat*, 2008）。

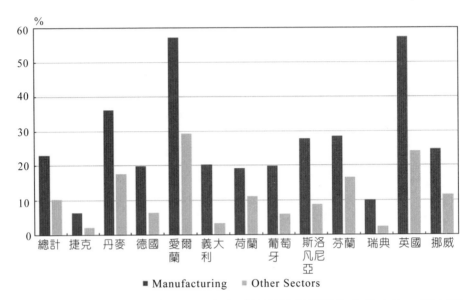

圖 2-1　2001-2006 年歐盟各國在全球範圍進行採購的企業占比―按主要
　　　　活動領域細分

資料來源：Eurostat, SBS, 2008.

　　總體而言，與支援服務相比，國際採購的核心業務比例更高。其
關鍵原因為國際採購活動的主要目的是降低勞動力成本，在一項調查
中顯示，有 45% 的企業選擇了此一目標，而約有 9% 是因為海外國
家的稅收或其他財務激勵。另有 36% 的跨國企業是因為「開拓新市
場」和「集團負責人的策略決策」，剩下緊隨其後的是 30% 國際公
司為了「除人工成本以外的成本削減」（如原料的取得、技術的取得
和政府政策等）。

　　創新和差異化是外資多國籍企業使用最多的策略，而且，外資和
本土企業更傾向於採用更好質量、客戶服務更好的差異化和創新策
略。特別的是，根據 Ogutu M. 和 Samuel C. 在 2007 年對 40 家多國
籍企業進行的一項調查，發現多樣化被大型多國籍企業使用，而不是

小型多國籍企業。可見質量、客戶服務、創新、差異化和多樣化是多國籍企業最常採用的策略，而特許經營和許可是最不受歡迎的策略，參見表 2-2。

表 2-2　2018 年全美 CEO 的商業計畫調查

	4Q 17	1Q 18	2Q 18	3Q 18	4Q 18
新業務計畫	43%	36%	37%	32%	41%
・新的策略聯盟	11%	13%	18%	14%	16%
・新合資	12%	6%	9%	7%	10%
・引進新的合作夥伴	8%	10%	8%	6%	10%
・購入另一項業務	11%	7%	9%	8%	9%
・拓展新的海外市場	4%	2%	7%	2%	7%
・完全／部分持穩所擁有的事業	5%	4%	3%	2%	3%
・天使投資者	3%	3%	1%	---	2%
・債務重組	2%	4%	3%	2%	2%
・創投	3%	3%	1%	3%	1%
・私募	×	×	1%	1%	1%
・發行新股	1%	×	1%	1%	1%
・海外新設施	1%	1%	1%	1%	---

資料來源：PWC 2018, "Business outlook report".

經濟合作與發展組織（OECD, Gestrin, 2011）的數據顯示，2011年 10 月的併購投資達到 8,220 億美元，接近 2006 年的紀錄。在資誠聯合會計師事務所（PWC）的《商業前景報告》（*Business outlook report*）2018 年第四季度的調查中，全美 300 位大型民營企業執行長（CEO）的併購計畫和其他商業計畫，其中 172 家代表產品公司，其餘 128 家代表服務公司。展望未來的 12 個月，有 41% 的企業成

員希望參加新的商業計畫，比第三季上升了 9 個百分點（季度為 32%），但比一年前下降了 2 個百分點（43%）。總體而言，最普遍預期的舉措是新的策略聯盟（16%）、新的合資企業（10%）和新合作夥伴（10%）。重要的是，預計將擴展到新的市場從第三季度上升 5 個百分點，至 5-7% 百分點，比 2017 年的 4% 上升了 3 個百分點。（參見表 2-2）

　　非正式管理模式在現今企業中得到了提倡，因為它著眼於組織文化的創造，委派了大量任務，訊息和溝通系統廣泛分布於整個組織中。將不具有競爭優勢的活動被外包，從而使企業能夠專注於其業務核心。

　　近年受到經濟危機的衝擊，一些美國多國籍企業不得不關閉幾家子公司，透過重新定位裁員等方式來降低成本。另一些企業則透過縮短內部流程，使管理金字塔變得更扁平，從而其將策略轉變為密集策略。如烏爾夫·馬克·施奈德（Ulf Mark Schneider）在 2017 年接任雀巢執行長後，積極推動公司健康產品及核心產品業務類別的增長。以 28 億美元賣掉了雀巢在美國的糖果業務給費列羅，關閉了歐洲高成本的工廠，在為了更加聚焦消費健康和高增長業務的策略上，進行了一系列的收購，包括斥資 23 億美元收購北美維生素生產商 Atrium Innovations。同時，為擴大雀巢咖啡的全球策略，用 5 億美元收購藍瓶咖啡，及斥資 71.5 億美元收購星巴克的袋裝咖啡業務，從而獲得星巴克的消費者和食品服務產品的營銷權。

　　現今，來自網絡企業的競爭，吸引了越來越多的顧客。各個多國籍企業為了避免電子商務的影響，透過積極主動行為的策略比被動的行為更受推崇。一個積極進取的企業，其發展目標是透過承擔風險、尋找及開拓新市場，嘗試新技術，它更傾向於預測而不是適應市場趨勢。

　　例如：百事（Pepsi Co.）在 2016 年 4 月藉助資訊長（CIO）袞蒂·

戴維斯（Jody Davids）在資訊大數據 IT 方面的的專長，實現百事可樂的「數字化增長」。她在接受《富比士》（*Forbes*）商業雜誌專訪時表示，爲了實現此一目標，戴維斯一直致力於「提供自動化業務流程、分析數據以獲取商業見解、讓員工更容易合作的技術」。百事面臨的挑戰是，如何找到能夠吸引千禧一代更健康的零食和飲料偏好的創新產品。在戴維斯的領導下，她一直忙於穩定和整合資訊 IT 系統，最終使一般服務運作時間效率提高了 95%。在創建了更可靠穩定的 IT 功能之後，重點已經轉移到數據的標準化和協調上，以便爲零售商和消費者做出更好的決策。戴維斯告訴營銷週刊，「百事公司的下一個前提是消費者」，她也提到了企業在自動化和數位化方面的合作。所以，戴維斯接下來要做的是區塊鏈，因爲未來區塊鏈將對所有大公司都有巨大的潛力。

七、結論

　　企業必須永久地適應市場條件、識別資源，有效地利用資源，並具有足夠的靈活性，以獲得長期的市場競爭優勢。因此，它們必須找到最佳的策略，並根據當時的經濟環境調整策略方向。一個成功的策略必須基於它所帶來的附加價值，根據它所帶來的改變，使這些單位產生吸引力，以達到市場成熟階段，從而有助於企業獲得有利可圖的競爭地位。

　　多國籍企業採用的策略形式是多種多樣的，在目前的論文中，我們透過主要的策略類型，得以瞭解到最大的多國籍企業所採用的最成功策略。

　　分析了內部和外部策略的主要類型優缺點，我們使用了來自文獻綜述、多國籍企業報告和國際研究的數據。

　　在選擇正確的內部策略類型時，多國籍企業主要考慮以下幾個關

鍵因素：創新、貿易成本和市場條件。多國籍企業在海外市場擴張的外部策略中，採用之最普遍和成功的策略是國際策略聯盟和多元化，而合併和許可是最不受歡迎的。

如今，多國籍企業組織結構越來越複雜，他們依賴更緊密的溝通，他們的行為是積極主動的，而不是被動的。它們還面臨著來自不斷擴大市場份額的線上網絡企業的日益激烈之競爭。

對於未來的工作，我們建議對多國籍企業使用的國際策略進行及時比較，因為經濟環境及其組織結構是非常動態和複雜的。

【附註】

1. Robinson, Richard D. (1984). *Internationalization of Business*, Rinahart and Wiston, New York., 入江猪太郎監譯（1985），《國際經營策略論》，日本多國籍企業究學會編，株式會社文眞堂。

2. 林彩梅（2006），〈池田大作共生文化與人類幸福〉，《池田大作思想國際學術研討會論文集》，湖南師範大學。

3. 高橋浩夫（2009），《トップマネジソこトバの経営倫理》，白桃書房。

4. Cullen, J. B., & Parboteeah, K. P. (2010). *International Business, Strategy and the Multinational Company*.

5. New York: Routledge; Ghiţă, R. (2006). Globalizarea Firmei. Bucharest: Ed. Economică; *Management Strategic* (2010). Retrieved 2012.

6. CGT SALES & MARKETING REPORT 2018.

7. Business Week & Wall Street Journal, *Management Strategic*, 2010.

8. 資誠聯合會計師事務所（PWC's）《商業前景報告》（*Business outlook report*），2018年第四季度調查。

9. Marina Dabic, Miguel González-Loureiroc, Olivier Furrer (2018). "Research on the strategy of multinational enterprises: Key approaches and new avenues".

10. Stoicescu, A. (2012). *Strategia si managementul strategic al firmei.*

經營成功的王道經營哲學

二十一世紀的多國籍企業經營策略的目的，不是為賺錢，而是為世界和平、社會繁榮、人類幸福的「倫理經營策略」。公司為了員工的幸福、消費者的幸福、社會的長期利益為目標，以倫理道德為核心，擬定管理制度和經營策略，員工士氣高昂，消費者滿意度高，以人道主義競爭擴大國際市場，提高經營績效。員工自享工作的意義，人生之價值。以和平共生精神，自他彼此都幸福的國際觀，追求世界和平，社會繁榮，人類幸福，是經營者以「倫理為經營策略」而讓企業成功的王道經營哲學。

經營者之王道經營哲學以倫理為核心，擬定經營管理制度，經營策略，而獲高度經營成效（江口克彥，2004）。從國際化的松下企業經營績效提出 100 項經營者之管理思維，如下內容：

1. 經營是「眼睛看得到的要因」以及更重要的是「眼睛看不到的要因」都要兼顧

經營者對企業的發展有「眼睛看得到的要因」之外，尚有「眼睛看不到的要因」更是重要。

「眼睛看得到的要因」，包括組織、制度、商品品質、技術以及決算資料的數字。短期經營尚可為依據，若長期經營不一定能順利，必須重視「眼睛看不到的要因」，包括經營理念、方針、經營者的思維、人格，以及員工的忠誠心、工作士氣、工作氣氛等更是重要。員工開朗的工作士氣，可提高組織、制度以及經營績效，因此「眼睛看不到的要因」高度重要，對企業成功可占七比三的重要性。

2. 生產者若不以「物美價廉物豐」的想法來生產的話，企業是不可能發展的

產品高品質、高價格是為貴族而生產。企業家的使命是要為更多的消費者、社會全體貢獻。若高品質、低價格不敷成本，必須生產

大量以降低成本，並且不斷革新品質，走向高品質、低價格、量產多，才能達到企業家的使命。

3. 沒有人類觀的經營者絕不能說是一流的

經營者若只會誇耀公司的銷售總額、經營利潤，而未考慮對社會繁榮、人民幸福是否有貢獻，此企業很快會失去消費者的信心而離開。此經營者絕非最佳的經營者。

4. 經營者必要的不是驕傲的舉止行為，而是謙虛的舉止行為

長期能成功的公司，經營者的謙虛受到社會的尊敬和感動。傲慢的經營者，全體公司員工必受感染，對消費者表現傲慢的態度，消費者由此而遠離，公司經營績效低落。由此，為自己公司的發展必定要社會繁榮，人民幸福有貢獻，經營者的謙虛非常重要。

5. 經營者若有重用部下的心，公司必能發展

企業的成功，經營者占三成，員工占七成。即使是最優秀的領導者，一個人的力量還是有限。經營者不是要員工對您崇拜，而是經營者要感謝員工的人格、忠誠心，發揮卓越能力為消費者的幸福、公司的發展而奮鬥，由此員工士氣高昂，產生「和」的團隊精神，企業更加發展。

6. 認為世界是正面，來作為經營之決策是存有經營成功的王道精神

雖然世界問題很多，但經營者不要為此煩惱，一定要認為世界都是正面的、客戶都很好，短時間內或許會有意外，但長期一定會有某個程度的成功。自己不要認為我做正確的事不會被接受而煩惱，一定要認為會不順利的事，並非外部的問題，而是自身的原因，自己要努力去克服，才是經營成功的王道。

7. 若非百分百完美的工作，就稱不上是工作

企業的工作成果必須達百分之百的嚴謹，才是「工作」。例如：金融機構帳上若可以有「一塊錢」不合，其累積將造成讓日本經濟大亂。汽車業若可以有一根不良品的螺絲，該汽車將發生車禍，甚至乘客死亡。

8. 經營重視的不是「勝者為王」，而是要贏得美

經營不是勝者為王，而是要贏得美才重要。企業若是不擇手段而勝利，長期一定會失去信用，公司經營績效必衰退。因此企業經營不是要勝利，而是勝利的美學，要有倫理美好的競爭過程。而勝利有如經營武士道。呈現經營者的風格、品性，日本的經濟發展才能稱一流。

9. 經營者若不能使員工感動，公司的發展是不可能的

企業經營的推展，若未獲員工等他人的感動，企業難於發展。經營者若能獲員工感動，員工士氣會高昂，會努力為消費者、公司、社會長期利益發展努力為榮。消費者感動滿意度高，國際市場即屬該公司，是企業成功的最大理由。經營者的真誠態度、領導風格、謙虛、關懷、對事的看法等讓部屬感動，員工團結全力以赴，公司便有發展。

10. 買賣、經營也都必須遵循禮儀之道

人與人之間有禮，可使人更親近而不會越權。互相尊重、感恩、關懷、寬容、感謝，使組織更堅強，為客戶製造高品質產品。感恩消費者購買，感謝進貨商、銷售商等。禮是人之道，企業經營必須依禮的道路前進發展。

11. 若無果斷力的經營者，該公司將沒有明天

很多經營者對未來世界景氣、技術、產業不清楚而沒有勇氣即時決定的果斷力，就應該請辭，因經營者缺少理想的經營哲學。尤其二十一世紀處於情報化、技術化、國際化、高齡化、價值觀多樣化的時代，經營者若缺果斷力的勇氣，即決定了公司的勝負。因此，經營者要極力發揮自我的能力和經營哲學，成為表現正確果斷力的勇氣的最佳領導者。

12. 每天不斷累積正確的工作之外，沒有其他通往成功之道

正確的工作，企業才會成功。經營者若遇到問題為勝利而投機取巧，或是只想偷工減料儘早達成的近路，可能也會成功，但長時間必定會失敗。員工會學經營者不正確的做法，公司組織必腐敗，擁有正確觀的消費者必離遠而去。因此，每天都做正確的工作之外，企業沒有其他成功之路。

13. 熱心是成功的首要。正因為有熱心，就能出現獨創的技巧，也能產生智慧，因此行動力也能產生

成功的條件很多，但熱心是成功最重要的要素。若您不熱心，即使有很好的環境、有才華、有知識、有智慧，也不會發揮。若有強烈的熱心，雖然您不懂，旁邊的人也會教您，幫助您達到目標。此外，有強烈的熱心，會自動湧出智慧、創意而達到目標。因此，熱心程度是經營成功與失敗的分歧點。

14. 暴飲暴食的經營不持久，經營也必須注意健康管理

經營者的健康管理，須不勉強且穩重的經營。要像水庫的功能積蓄資金，因應急需。若有多餘可增設工廠設備，若生產過剩，可使設備休息，可使產品價格安定、經營安定，不會有「冒險的擴大主

義」。很多企業因擴大戰略而倒閉。經營者一定要在能力範圍內經營。

15. 在超高速、超複雜之時代,「迅速」成為成功和失敗的分歧點

在超高速、超複雜的時代,技術開發、品質提升不是只求快速,而是達到自己要生產的目標最重要。自己的工作對社會、人類的需求是否有貢獻,而考慮再考慮,持有正確的人類幸福觀,關懷消費者的需求,每天用心生產高品質的產品,是最正確的目標。

16. 居安不忘思危,若沒有用心是無法在混亂中生存的

沒有危機感的經營是沒有未來的。世界的經濟變幻無常,景氣好、經營者績效好的時候,不可忘記不景氣時的時代如何穩定成長。

17. 若沒有領悟「人生工作做不好是等於零」的覺悟,就不應該接受經營

經營者的使命,必須考慮為公司的發展、員工和其家族的生活責任而奉獻。若無此觀念的經營者即應自動辭退。經營者要有奉獻人生以及生命經營公司發展的覺悟,公司員工必能暸解而敬服,團結一致跟隨經營者努力發展公司。

18. 不集中同樣性格的人,要讓員工發揮每個人的個性,在實踐此種用心時,能形成堅強組織、有個性魅力的團隊

企業經營不宜整合同樣個性的員工,而是要整合不同個性,不同民族的文化人才,而讓他們發揮本性的特色,公司才能分工,例如:工具箱裡的工具有很多不同的功能,經營者使用時,每一種工具都最好,公司的組合即是工具箱,經營者隨時都能用到最好的工具。又如交響樂團,一百多種樂器、一百多位最佳人才,大家都在指揮者的指

揮棒下團結，達到最美的合音效果。經營者即是指揮者，公司即是交響樂團。

19. 必須是能給予鼓勵的經營者，因連續的鼓勵會創造豐碩的成果

員工工作成果高昂的士氣在於經營者的鼓勵。經營者的一句「辛苦了，做得太好了」，員工的疲勞也消失了。要把工作做得更好使士氣更提升，更有工作成果的榮譽感，公司經營必定更有發展。經營者對員工的關懷、小小的鼓勵，均可提升員工的工作成果。

20. 絕不放棄、也絕不失望最為重要，由此打開經營成功的大門

經營事業剛開始時，或許沒有預期的成果，只要不反悔，不失去原來的希望而繼續努力再努力，其用心程度將獲得其他公司的共鳴和幫助，而打開經營成功的大門。

21. 不是學習經營的教科書、翻閱手冊就能學會經營，因為經營成功的祕訣，隱藏著竅門，難以用言語來表達

經營企業只靠「教科書」學習成功是有限的，教科書的理論和複雜的現實尚有距離，教科書可獲經營概念，經營成功的重點在於經營者自己的經驗累積，才能發現如何提高效果，對於每個問題的挑戰，細心克服而獲得明確的果斷力。經營者自身努力，汗水中的經驗才能產生經營智慧而獲經營成功。

22. 地位越高越要重視圓融處世、平易待人、和藹可親

人緣差的經營者事業難於成功。因消費者不喜歡，同事也不喜歡，公司不希望再採用他，行銷也困難。公司的發展不是只靠自己去找情報，而是大家給予情報，公司自然更加發展。

23. 不改基本理念堅守到底，是公司穩健發展的關鍵

經營者的基本「經營理念」永遠不改變，經營發展過程所面臨的問題，例如：大雨而路斷，可因應休息幾天處理，員工認知經營者的基本理念遇到問題也不會心慌，仍然發揮工作士氣做好工作，公司必能持續發展。

24. 經營者最重要的事，是經營發展比自己的面子更重要

有些經營者經常向部屬自誇優秀，而部屬提的建言，因自己的面子問題而否決。導致減縮了部屬的士氣，公司經營蕭條。經營者對公司經營遇到問題時，應請教公司同仁寶貴的意見，公司的發展比愛惜面子更重要，才是理想的經營者。

25. 思考個人的利益，不如先考慮能爲世界、人類謀福利，其結果反而更能連結自己的利益

企業經營的動機是爲人類的幸福，社會的繁榮，必獲消費者大力支持。若是只爲賺錢而經營橫向走到降價競爭，公司難於順利經營。因此經營者的經營理念不是爲自己，而是爲消費者的幸福，社會繁榮，公司員工也必定跟隨經營理念，以高昂的士氣爲消費者幸福、社會長期利益努力爲榮。能爲世界人類謀福利，其結果更能達到自己的利益，公司也更有發展。

26. 如同下雨爲人撐傘，在極自然的交誼動作中，更有成功之道

經營者要熱心、努力、誠實，又有信心考慮自己之前必先考慮爲他人，自己要有信心，要有正確的人生觀，關懷消費者的經營，即是成功的王道，有如下雨時主動爲他人撐傘，如此自然需求中即存在成功之王道。

27. 方針就是「想法（基本理念）」加上「具體的目標」，再加上「夢（理想）」

經營者有具體明確的經營理念，部屬即能知道自己要努力的方向，以及具體的目標和理想的成果。顧客們也會安心來買商品，同行者也會想一起工作，公司必會永續發展。

28. 無法提出方針的指導者，就會喪失資格

經營者有明確的經營理念、經營方針、具體的目標，就會有理想的經營成果。員工能自知要努力的方向，和期待的成果，對經營者有高度信賴、信心和尊敬，公司會發展。經營者若無明確方針，公司經營會迷惑而失敗。

29. 沒有夢想是絕不能產生自豪的

企業經營對未來展望若無高度的理想目標，員工士氣低落，產品不會更新，公司便會逐漸無競爭力。若有高度的理想目標，員工士氣會高昂，會持有榮耀而產生自信。也能跨越辛苦而產生強烈的鬥志，為達公司高度的理想目標而努力。企業有競爭力，國家經濟才會有發展。

30. 夢想，不是只為實現之目的，而是在夢想中邁進才是珍貴

實現夢想不是目的，在夢想中發展才是珍貴。例如：成立一個高科技研究不是目的，而是如何在高科技研究中集合很多優秀人才，發揮高科技的功能，對社會人類有貢獻才是珍貴。

31. 要相信人的本質，認同才是人際關係的本質

人有不同的個性，不同的優越能力，而組合人的社會。為了良好的人際關係，並非有講話的技術、稱讚的技術、討論的技術，而是相信人的本質最重要。

32. 無論如何都想完成，若持有想要成功之強烈熱情時，事情等同已完成一半

人若無熱心即無法實現。心改變，行動會改變，結果會改變。經營成功的條件中，熱心是很重要的。當您有「熱心」想要做事時，可說該事情已完成一半。

33. 夢想是要在夢中結束，或是將夢想引導通往至現實的成功，其差別僅在於持有「熱心」與否

「夢」要在夢中結束，或是在現實成功的經營上繼續進行，此分歧點在於人的熱心存在與否。「能順利多好」，「其熱心程度很難達成」。「希望能實現」，熱心程度也不足。任何困難我也要實現，具有絕對要實現的強烈「熱心」，才能達成。

34. 不積極做事的經營者，不能說是一流

經營者除了經驗，經營的知識、見識、決定力、實行力、勇氣之外，用心、專心的深度非常重要，由此專心深度才會發現問題，也才會想到解決的方法，若無此專心深度的經營者，就不能稱為一流的經營者。

35. 找出天分，並能加倍努力時，其風格與品德自然應運而生

經營者為引進人才，必須要有要領、知識、口才，此外，尚需有風格和品德讓人感動，才能引進優秀人才。因此自己要有「付出生命努力之程度」的過程，才能產生輝煌優美的風格和品格受人敬愛。

36. 負責的人一旦失去了挑戰的精神，也就是該離開該職場的時候

公司負責的經營者只維持現狀而無挑戰的精神，將影響公司經營績效和員工福利，因此，這是經營者應該辭退的時候。

37.領導者有三個責任。第一個是完成團隊工作的責任，第二個是培育部屬的責任，第三個是創造新工作的責任

經營者為公司發展有三個責任，第一；完成團隊工作的責任。第二；培育部屬的責任，為了公司業務的拓展必須培育部屬。第三；創造新工作的責任，促進公司更加發展。

38.裁員的原因是在於經營者的怠慢

裁員的原因是經營者怠慢，因為公司只為自己擁有的技術製造產品銷售，而不是為消費者所需要的產品而生產，所以不景氣時銷售減少、公司裁員，這是經營者怠慢的原因，不可轉嫁為其他因素。

39.工作應該交給有適當的能力、充分的熱誠，以及有正確想法的人

很多人認為要引進有「能力」的員工，公司經營成功需要重視有熱誠的員工，若無「熱心」，其能力和智慧也不會發揮，重視「熱心」者。因此，部屬當中持有充分熱誠和正確的觀念者，能力只要有百分之七十，就可以用心培養，而將權限逐漸轉讓給他。

40.在責任的立場，要培育人才

上述能力有百分之六十，並有充分的熱心和正確觀念者，可以培育為主管之外，尚有一項很重要的是，有責任的立場，部屬更會成長。因此，經營者「因有能力，所以託付給他責任」，不如「因有責任的立場而培育經營人才」之考慮更為重要，公司才會更加發展。

41.能從客觀的角度觀察他人，以及能關懷他人的溫暖。若欠缺這兩項要素，就無法勝任指導者

人有理論和感情兩面，理論和感情是冷漠、溫暖的兩面，處事先要理性客觀，之後要以人情考慮溫暖。有時為了全體組織發展必須

辭退某些人時，若沒有冷靜考慮，而以情感判斷，結果將不同，但是，若冷靜的判斷，之後又冷靜處理，可能會造成組織的冷漠。因此，人事要盡速處理，但之後要給予溫暖的關懷，讓離開的員工能自我反省未來的人生會幸福，才是領導者的任務。

42. 只有當時的能力，不能對永久做評價

平時的領導者和戰時的領導者是不同的。一個人在 40 歲時，受部下期待（他當主管，我們會更努力），而上級主管認為，「由他當主管，我們會安心」。但是一個人的能力不能以當時而評價，因為加上社會背景、時代背景，他的能力必須改變，因此對一個人不可以永遠以當時的能力做評價。

43. 頭銜只不過是當時的立場表現而已

對人才能力的評估，不能以一時有總經理高頭銜和職員無頭銜而定，職員未來也有能力當總經理。行銷業績高的人，不代表永遠的成果，低的人努力增加客戶，也能提高銷售業務，因此公司應該是全員經營。

44. 不論公司內外，均不能從表面評價他人

很多人依表面或高頭銜而以禮相待，對最新入職職員則是傲慢對待。這不是有人格的真誠者。尤其經營者，不是只對有社會地位的人、名人，而是對自己公司的部屬或新進人員，都要同樣誠心對待。若無此誠心，部屬對經營者不會敬慕。況且公司經營，面對的消費者並非有頭銜的人多，而是一般人多。他們會帶來資訊，公司若無正確資訊，如何正確經營發展。因此不論公司內外，均不能從表面評價人。

45. 經營者是處理問題的負責人

經常部屬發現問題時不敢報告經營者，怕被大罵而隱藏，但事情擴大時，已來不及解決。經營者若告訴部屬有問題時「隨時來告訴我」，部屬對工作會安心。況且對問題早知也可早解決，而問題尚小容易處理。若延遲，問題擴大難於解決，甚至經營者要辭退，公司倒閉。所以經營者是問題的負責人。

46. 公司的成長與發展即是人的成長與發展

若公司裡有能力優秀人才，個性傲慢，必受交易廠商批評，消費者對公司成長也會持有壞印象。企業成功的理論，不是在於有很好的計畫，或是政府有好的政策，而是在於人。成功的經營祕訣即是在於人，因此，公司發展必須培育人才，公司的發展即是人才的發展。

47. 如何善用比自己能力好的人，是負責人的重要能力

非常優秀的經營者，一個人能做的還是有限，因此必須使用比自己優秀的人才。經營者最重要的事，不是勝過部屬的能力，而是如何經營成功。因此，如何能使用多位比自己更優秀的部屬，促進公司更發展，才是真正有能力的經營者。例如：王永慶董事長最重視比自己學歷、能力更強的顧問或主管。台塑企業是臺灣最成功的大企業，王董事長被尊稱為「臺灣企業之神」。

48.「冷靜思考過後才責備，要有充滿感情的讚美」，是培育部屬的訣竅

經營者要培育優秀部屬的「祕訣」，必須先瞭解部屬的本質和評價。「經冷靜思考而責備他的用詞，以及充滿溫暖情感的讚美」，無論是企業經營或是部屬培育，都必須考慮冷靜的理論和充滿溫暖感情的兩方面。若上司對部屬能給予活躍喜悅的讚美，即是理想的上

司。日本松下幸之助社長對部屬曾說「這次的事做得很好」，當部屬回到家，社長又打電話告知「您很偉大，做得很成功」，部屬的家人都非常高興，部屬的成功激發他對公司的忠誠、更高的鬥志。

49.上司不可讓部屬心生恐懼。部屬即使輕鬆愉快，但不能沒有思考自己是否有依照上司的指示在做

上司有時必須嚴格對部屬說話，但是嚴格和恐嚇是不一樣的，上司不可對部屬恐嚇，上司要明確告訴部屬，公司的基本經營理念、具體的目標，和最終的目標。部屬必須遵守這些目標，而以自己的理想發揮工作，很愉快、很幸福的完成工作，企業經營便會更成功。

50.部屬對長官而言就是一面鏡子

上司要知道部屬會學習上司，無論是好事或是壞事，都會學習。上司經常遲到，部屬也會遲到，上司對金錢不明確，部屬也會公私不分，上司若無熱心工作，公司全體組織也會不健全。上司若向外界說部屬不努力，即是表明上司自己工作不努力。因此，上司要率先示範，部屬必跟隨提高士氣，努力做好工作，企業必會成功。

51.位居上位的人，該有先苦後樂的心理覺悟之必要

經營者必須有「先憂後樂」的覺悟，亦即是比別人更早擔憂，比別人更晚享樂。若無此觀念，有經營很難成功。經營者要有國際觀，對世界變化的預測，而及早改變公司經營，也能有突破困難的勇氣，帶動公司的發展。

52.不帶部屬去喝酒的上司是無法培育部屬的，是三流的上司？

雖然同仁之間會在互相敬酒上做情報交流，建立友情，但是經營者不宜認為，沒有帶部屬出去喝酒即無法培育人才的觀念是三流的上

司，這是錯誤的觀念，只有讓公司更不好。

53. 公私時間的區別、金錢的區別、人際關係的區別。經營者絕不可忘記這三個開始

企業經營想要使組織員工士氣高昂，經營者公私時間的區分、金錢的區分、人際關係的區分要率先示範，否則組織會凌亂甚至倒閉。

54. 經營者應該營造一個沒有祕密的職場組織

企業經營不可用「霧玻璃經營」，要用「透明玻璃經營」，讓員工全體瞭解，也由此集合更多的情報，企業經營發展需要全體員工團結、世界一起擴大，經營「沒有祕密的組織」，企業會更有發展。

55. 互相看著對方的眼睛說話。這是人際關係的基礎

眼睛比口更能說話，若上司看著部屬報告的眼睛，更易發現「謙虛的言語中是否有相當的自信？」、「報告工作很順利，其實狀況是否有問題？」在工作上多用電腦的時代，最後的決定上司仍需要和部屬見面，上司看著部屬的眼睛，明確告知決定，或是部屬看著上司的眼睛，報告最後的成果。才能肯定結論。也是基本的人際關係。

56. 想要部屬注意之事、想要指示之事，若沒有說明「爲什麼」要這麼做的理由，就沒有當負責人的資格

很用心工作也很熱心的上司，爲何部屬不知如何做？其原因是上司認爲自己很努力做事，周圍的部屬立刻能理解。此問題的責任在於上司沒有告訴部屬「爲何要做此事」，「爲何這個不可以做」，忘記「爲何」的說明，是上司的失格。

57.想要把自己的想法百分之百傳達給部屬時，必須要有百分之一千的熱情來傳達

經營者要把自己的想法百分之一百告訴部屬，可能部屬只記得百分之三十，因此，經營者必須百分之一千的熱心告訴部屬，部屬才能理解經營者的百分之一百。

58.即便是平凡的一句話也好，不過經營者所說的話必須是純金的話

經營者對部屬講話，即使平凡的話，只要發自內心的真誠，即是「純金」之話。部屬會很珍惜，若是無心而花言巧語，華麗的用詞也難於進入部屬之心，經營者若得不到部屬之心，企業經營很難發展。因此，經營者最重要的是，發自內心真誠的話，才是「純金」的話，也才能獲部屬之心。

59.從以前到現在公司是「家庭」。不過，今後公司是「驛館」

過去企業即「家庭」，員工都在「公司」，公司也長期培訓員工。如今公司如車站，員工經常轉換公司就職。經營者必須認知時代不同，不要因員工培育後轉換其他公司而難過、生氣、不再培訓。經營者不可有狹小的想法，企業應該跟隨時代的改變而發展。因此，培育員工的觀念是為產業界全體、國家社會世界全體的發展，能廣闊視野培育人才，並獲國際間合作的最佳效果。

60.能找出工作的樂趣，體會工作的樂趣的人，必定會成功

對工作要有熱心，要達一定的成果，一定很辛苦。若未達目標就厭煩工作，將難於成功。因厭煩而難於發現新功能，也不會產生改善工作和效率化，只會非常辛苦。另一方面，若能從工作中找出興趣，自己不但不感到辛苦、痛苦，而是感到非常喜歡這份工作，目標

容易達成，成果也會完美。

61. 能有稱讚公司的態度，且始終心中有此領悟的人，不論到哪家公司，都會受到矚目

對自己就職的公司稱讚，家族、朋友聽了也會稱讚，消費者聽了會來公司購買，公司業績更成長，周圍的同事也因此更支持您。提高公司組織團隊精神，如此必受公司高級主管之重視和敦聘重用。

62. 與其自傲地展現自我的知識，不如打開心胸請教他人，更能受人尊敬

很多人因高學歷和榮升而傲慢，認為自己的知識、能力都比他人高。若是經營者傲慢，其公司經營成果必低落。一個公司並非有一位優秀的經營者即能成功，而是要周圍員工們的團結合作才能成大事。因此，經營者不是表現自己有偉大的能力，也不是讓部屬自己有優越感，優秀的條件，而最重要的是如何發展公司之道。因此要能向部屬收集全體資訊，也表達對部屬辛苦的敬意和當場指導，部屬對經營者敬佩和敬愛，必能提高團隊員工士氣與經營成果。

63. 好的事情是更加用心，更想再做一次。不要讓錯誤再出現。反覆的反省會帶來人的成長

一個人每天睡覺前要對當天的反省，認為對的事，可以考慮如何做得「更好」，不對的就永遠不要再「犯錯」，人有好事的蓄積，是成功的要件。

64. 經過努力，從流汗當中產生的智慧，才是真正的寶物

一位經營者經過流汗流淚，努力再努力而獲得的智慧，對他人才有說服力，才能受感動，所以經營會成功，能帶動員工、吸引客戶。

65. 無論工作或經營，所有的事物，本來就有成功的可能

企業只要生產好的產品，能滿足很多消費者的需求，且因物美價廉，行銷必繁榮，企業必成功。

66. 所謂的理想即是一步一步的累積，是車子的兩個輪子

經營者必須給部屬有理想的目標，同時要一步一步穩重累積發展。換言之，車子有兩輪，若只有一輪的經營，目標會走錯，企業成功理想的要件，即是公司有理想的目標，帶著員工一步一步每日穩健累積及成果。

67. 無論成功與失敗，是一些日常被認為的細瑣事物，若能累積的話，就是敘事詩

若約會遲到一次是小事，成功與失敗也是小事，累積結果成大事。企業經營成功的共同要素，無論「正確的事」、「小的事」、「基本的事」，都要徹底百分之一百達成，這是真理的共同點。

68. 知識是可以被傳授的，智慧是不能傳授的。經營的訣竅只能自己心領神會

「知識」可以教育，「智慧」難於教育。「經營學」可以教育，也可以學習，但是「經營」是無法教育和學習的。經營的思維非語言可以表達，只有自己流汗、努力、體驗，而感受到「重點」為何。每天的累積重點，乃是企業經營成功的要素。

69. 從將來考慮現在是經營者的構思，不能從現在考慮將來

經營者腦海裡有著未來的目標，而今日依此目標，經營進行（倒推理論）。五年後如何？十年後如何？五年要何計畫？十年要何計畫？執行的過程難免會遇到困難，為了達成目標，一定要決心努力，解決的智慧會出現。經營目標會成功達成。若輕易說困難，目標

即難於達成。更不可以今日的發展，考慮將來的成果，經營將很難如意。

70.若要以成功為目標，首先要努力工作，其次要儲蓄，最後才是遊玩

經營成功的目標，先帶領員工努力工作，考慮員工生活的責任，因此先努力工作，其次員工要有儲蓄，之後帶領員工旅遊，是經營成功的目標。

71.想要改善與改革時，不是以現在擁有的繼續補上，而是將現有的全部否定並從零開始構思的勇氣才是重要

改善、改革是經營或商品開發必須的條件。但是不要繼續現有的，而是將現有為「零」，重新考慮新產品才是正道。若是持續現有的比較簡單容易改革，但其成果很小，不能有大的改革成果，難有理想的經營或是理想的商品開發。

72.用3個J進行工作。所謂3J即是順序（JUNBAN）、時間（JIKAN）、充實（JUJITSU）的字首

做事要有三個要素，第一次工作的按排優先順序很重要，第二次是時間工作要有優先順序，每一個工作需要多少時間的決定，而且要嚴守時間完成，沒有妥協。第三是如何完成充實的工作。雖然依優先順序工作，時間也確實達成，但僅能完成上司指示的一件工作，若是如此即表能力不足，上司指示一件事，部屬能完成三件事，才是有能力者。

73.老鷹應如老鷹，麻雀應如麻雀，照著自己的步伐而努力

一個人的幸福和成功，並非以頭銜、地位或金錢而定，其實可以說毫無相關。世界上每個人的個性、環境、時代不同，因此不要羨慕

他人，鷹就是鷹，鳥就是鳥，各自努力幸福，才是成功之道。

74. 每個人的能力是有限的。要有卓越的成功，建立優秀的組織是不可或缺的

經營者一個人的能力有限，企業要大成功，必須要有很卓越的組織。經營者從小型企業、中型企業至大型企業的發展，經營者的觀念必須改變，必須擴大組織集合眾知的情報是非常重要。經營者要拜託大家，產生全體組織的睿智，企業大成功。

75. 身為一個負責人，誇獎部屬來報告的行動與勇氣，要比開會聽部屬的提案的內容還重要

部屬到經營者辦公室的行動、報告和勇氣，比平常的提案更重要，因此必須給予褒獎。經營者若回答「此事已知，不重要」，部屬必失望而歸，不敢再當面報告。若經營者當面褒獎他的熱心，對公司的關心，部屬會更有勇氣，更用心收集情報給經營者，經營者才能獲得更多更重要的情報，經營成果更輝煌。

76. 是否是一位優秀的指導者，要看帶來情報的忠誠職員有幾個而定

經營者對部屬的報告不可回答「沒有價值」，對於任何事多應該回答「很好的想法」、「很好的意見」、「這樣的想法也很有價值、很有趣」。部屬受褒獎非常高興，會用心收集情報給經營者。若公司要發展新方案，公開聽大家的意見，尤其是反對意見更是重要，可避免此方案的危險因素。多次的報告只要有一次很好的提案，對公司就很有益。因此，經營者必須努力收集情報。

77. 所謂的教育，有如夏天在草原除雜草一般，能堅持下去就是教育

公司為了擁有優秀的部屬而很用心「教育」，教育有如夏天拔雜草，但是雜草都會拔掉不久又長出來，必須再用心拔掉。因此三天拔一次，甚至不斷告知錯誤，才能獲得優秀人才。但是優秀人才大都會被其他公司挖角，經營者必須持續教育，為了社會繁榮培育人才而教育，「經營者」同時也是「教育者」

78. 訪問部屬有三個好處。第一、能讓部屬充滿幹勁，第二、能收集情報，第三、能使受訪者能受到別人尊敬

經營者很少主動去請教部屬。經營者為公司發展而用心收集情報是很重要之事。請教部屬有三個益處：

第一、可提高員工士氣：部屬獲經營者請教，自感榮獲信賴的喜悅。若有回答不出來之事，也會更用心去研究，能適當回答時，必獲經營者讚美，將更喜樂，更用心為公司發展而工作。

第二、可收集情報：經營者親自請問，部屬會很真誠告知情報，若自己不知會努力去研究，報告經營者重要情報。

第三、經營者請教部屬，不但不會被人認為經營者能力很差，反而獲得員工們內心尊敬，而更加努力追隨經營者發展公司。

79. 從閒聊的過程當中，進行各方面的指導是一種自然形式，對部屬之培育是最有效果的

與部屬的教育有很多方法，而在雜談中的指導最自然，部屬在輕鬆談話中獲得指導印象最深、領悟力最高，獲益也最多。同時，經營者的經營哲學也能傳授，並能培育左右手般的重要人才。

80.用充滿熱情的想法告知，反覆地告知「為什麼」。若無這三個努力，經營者真正的想法無法傳達到部屬的心中

經營者要把自己的想法告訴部屬讓其瞭解，必須努力做到三點：

第一、告知重要的事。要如前所述，希望部屬百分之百瞭解，必須用百分之一千的熱情告知。

第二、要重複幾次告知。經營者不能只告訴部屬一次，必須十次或二十次重複告知。

第三、「為什麼」要告訴大家。全體部屬不能理解，便是經營者的錯。所以要告訴大家為什麼要理解。

81.培育部屬有四個重點。第一、向部屬訪問某些事，第二、明確地指示方針，第三、給予部屬該有的權限，第四、讓部屬感動之事

員工的成長即是公司的成長，培育部屬有很多要素，以下四個要點值得深思。

第一、要拜訪部屬。經營者請教部屬，更能提升員工士氣，深感受重視、受依賴，部屬將更努力把工作做得更好。

第二、指示明確的方針。部屬有明確方針，即知道自己要努力的方向，以及如何提供最佳的成果。

第三、授權。信賴部屬、授權給部屬，部屬將更發揮創意，負起責任、努力成果獲經營者讚美。

第四、要讓部屬感動。培育人才，經營者的真誠用心獲部屬感動時，其能力可發揮二至三倍以上。感動才是發揮能力的最大原動力。

82.經營者必須維持權威

經營者對有能力的部屬可以委讓權限，但要維持權威。經營者因權限委讓後休閒時間很多，不能因此和人相約卻遲到、不守信，或是

利用公款，或是批評公司部屬能力不足、員工不夠努力等，會影響公司全體組織的規律，即會受部屬輕視而失去權威。因此經營者的教養、人格、生活品德不可改變，如前所述，愛護公司，愛護部屬，必獲部屬永遠尊敬，維持權威。

83.要有認識責任的自覺，要或不要負起責任的意識。指導者之所以爲指導者，正是因爲有以上的體認

今日的偉人受尊敬的重要因素，是他們大多持有「責任感」。經營者必須有責任的自覺，沒有責任感的經營者不受部屬感動，公司經營必受影響。

84.即使面向冷酷北風時，經營者應經常保有冷靜嚴肅的一面

此項重點爲經營者是否對部屬持有溫暖的心、關懷的心。全體員工團結爲公司發展而努力，經營者要持有感謝的心，才能激發員工士氣，部屬工作很順利要與他共喜悅，失敗時，要把責任歸於經營者自己而負起責任，告訴部屬「不要擔憂我負責」，讓部屬安心，由此才能激發員工士氣。例如：冷酷北風吹來時，經營者面對凜烈天候保護部屬的精神，公司必能發展。

85.今後的經營者必須是「會活動的哲人」（能發揮事業的智慧者）

經營者必須是有智慧、行動迅速、受部屬感動、付出生命，且持有經營哲學人格者。換言之，「活動的哲人」。企業經營活動，是爲人類的幸福，持有此使命的經營者，如何提高人的魅力、提高人性、提高人德是極爲重要的。尤其有人德才能稱爲「哲人」。因此，經營者必須是「活動的哲人」。

86.鋒利的菜刀，本身並無善惡，因使用方式之不同，才有善惡之分

鋒利的菜刀本無善惡，在於使用者而改變。人有偉大力量可戰爭也可和平。經營者要有正確的人生觀，激勵部屬發揮善的一面，發展公司，為人類幸福、世界和平努力。

87.今後是有表現能力與行動能力者的時代

二十一世紀的年輕人是表現能力和行動力的時代，但是不能只有自己主張的內容，必須謙虛，並有很好的幽默感，由此積極的呈現表現力和行動力較好。

88.因有親密關係，更不能越線

日本的公司是「家族主義」。也是亞洲、歐洲、美國都沒有的特殊文化。「親人之間也要有禮儀」，如在親人之間，也不可殘踏對方的「心」，且因有深情，更有不可說的話，或是不可做的事，若沒有這種認知，公司會裂解。語言更需細心，不可說不思考輕重的話，而深深傷到對方的心。尤其是很好的同事更需注意，若跨越一線，人際關係就不好，組織會崩壞，人際關係即是要守禮儀，這是肯定對方的人格和表達敬意的正確禮儀。若經營者對部屬用詞失禮，部屬也會對經營者失禮，這就不是「家族主義」的期望。因此，經營者永遠要記得不可跨一線，公司才會輝煌的發展。

89.在企業經營上，必須瞭解有不可跨越的橋（不道德之事）

企業經營不可認為小錯誤沒有關係，繼續隱瞞問題會變大，成為大壞事。例如：不良品、會計二重帳、欺騙客戶。因此從開始就不可以有小錯誤的「橋」，絕對不能跨過去，經營者一定要嚴格銘記於心。若上司不端正，部屬學習，公司全體便會崩壞。因此，不可跨越

的「橋」絕對不可有第一次越線。

90. 偶然的成功是不幸的種子

偶然的成功是不幸的種子，使人產生不努力可獲得成功的想法。長久的幸福是要長期間流汗、努力，從中獲得智慧成為專家，才能有專業長期性的經營成功。

91. 公司無論成長為如何的大企業，也要經常不忘初衷

公司剛開始經營時，商品能賣出時，非常感激客戶，第一個訂單接到時，喜悅難以形容。雙手合十向客戶致謝。而慢慢成為大企業時，最初感激的心逐漸淡忘，經營者和員工之間的聯絡、回覆也延遲，全體同仁努力奮鬥的心淡忘，公司必開始一步一步衰退。因此，經營者、部屬絕不能忘記經營之初時，感恩、努力的「初心」。

92. 公司是公有的，不是個人的

公司的經營不是為自己，而是為社會的人民需求，社會的繁榮，以及人類的幸福而工作。經營者要告訴員工，不是為自己而是為社會發展而努力工作，員工能有為社會大眾而奉獻的觀念，公司會更發展，也會獲社會人士的尊敬，公司全體會更強大。

93. 依持有使命感的程度以及自覺的程度，經營會有很大的變化

經營者需擬定正確的經營方針，正確的經營理念必須持有使命感，為員工幸福，為消費者的幸福，為社會長期利益而經營的使命感自覺的程度，將產生公司的發展。

94. 要把經營理念當作是自己血肉般持續地努力

要成為經營者，最初必須擬定「經營理念」，超越私利、私欲而

考慮國家的發展。必須和他人對話討論，排定時間而深思，加上煩惱和辛苦的過程而考慮，確定公司的經營理念是公司的血肉。經過日日執行過程，而成為本公司的「魂」。經營者對經營理念是以血肉繼續努力之精神不可忘記。

95.經營者是被要求要不斷力求向上的

好的汽車是由很多好的零件組合，優秀的公司是企業組織中每位員工的卓越，才能有很好的經營。經營者最重要的是性質、人格、人德，由此能引進優秀的人才。企業活動最主要目的是為人類的幸福，經營者若缺少品性、人格、人德，即無法完成企業的活動。因此，經營者對他人必須有尊重關懷和寬容，必須有高品格、高品性、高人德，才能受外界社會、消費者的信賴。

96.率直之心，是王道經營的根源，同時也是經營成功的最高祕訣

經營者經營成功的最高祕訣是「正直的心」。正直的心是做正確的事、真實的事、忠實的心、順從的心，沒有虛榮，沒有自己的立場，沒有私利私欲，如此的考慮方針，結論必定「正確」，也「最適當」，即是「王道經營」的根源。

97.企業的經營活動是為實現人類的幸福

企業的經營活動是為人類的幸福。因此，要站在人的觀點考慮應該製造什麼樣功能的產品，否則如何開發好的商品？為了實現人類的幸福，應該製造物美價廉量多的商品給顧客。為了世界人類幸福之目標，從人的觀點製造好的產品和服務給顧客。因此，經營者的經營不是為提高利益，而是考慮如何給人類幸福，如何讓人類喜歡，全部都是為了實現人類的幸福社會繁榮。

98.擁有正確的人類觀

人是萬物之王，可支配萬物，同時也要有王者的責任，王者必須認識宇宙，理解自然的理法，能看出萬物有種種的特質，為了支配活用，必須讓萬物生命存活，這是很大的責任。

99.王道的經營，對經營理念之領悟是絕對必要的

人類幸福需要「心與物」的救濟。宗教的使命是對人類「心的救濟」，而企業經營對人類的使命是「物的救濟」。企業的使命是要生產物美價廉的貨品，使人類能有豐富的生活，使人類沒有貧窮只有繁榮，協助達成和平幸福的社會。經營者的經營理念必須有「領悟」。經營者的領悟必須是「純金」本性的語言，「王道」的經營必須有領悟的經營理念。

100.人能從出生所持有的能力，到老之前都能夠盡力發揮，就是人生的幸福

人的幸福是什麼？並非有社會高地位或有頭銜，或是合資企業的成功，賺很多錢，那都是表面的成功者，不一定是幸福的人。例如：目標為儲蓄一億元，當你目標達成時，只是瞬間的幸福，隨後又有煩惱開始。其實為了儲蓄一億元辛苦努力的過程，至目標達成的滿足感，回憶往事過程的幸福感，才是真正重點。人的幸福不在於目標的達成，而是達成目標的過程，如何克服困難？為顧客、公司發展，如何發揮自己的能力而獲得智慧，為他人幸福人生奉獻？為社會長期利益，顧客滿足產品的幸福笑容奉獻？為世界和平人類幸福，自己感到工作的意義，人生的價值，即是幸福的人生。

【附註】

1. 松下幸之助（1979），《實踐經營哲學》，周君詮編譯，讀友出版社。
2. 江口克彥（2004），《経営者の教科書》，PHP，圖書印刷株式會社。

多國籍企業倫理經營之優勢

　　企業全球化之發展是為世界和平、社會繁榮、人類幸福，若僅為龐大資金、高科技以及擴大國際市場，而採取區域經濟聯盟以及併購等策略提高國際市場競爭力，期盼高利潤之利益而缺乏「和平共生精神」，不重視「企業倫理、產業道德」，例如：2001 年美國安隆大公司做假帳，2008 年「雷曼兄弟大企業」等破產案，影響世界各國經濟衰退等問題；也面臨不同宗教、不同民族、種族、文化之差異引起不合作、鬥爭、破壞人類健康、幸福等問題，企業發展必遭阻礙，母國與地主國經濟亦受影響。如何紓解近百年管理思想理論的演進尚不足，MNE 理論的演進也尚未深入論及。企業全球化欲更加發展，唯有 MNE 經營者持有「和平文化經營理念」，發揮和平共生精神，落實企業倫理、產業道德，對員工加強「世界市民教育」及「人道主義競爭精神」，對企業經營以全人類利益極大化為目標，才能獲得不同宗教、民族、異文化之共識、支持與團結，提高企業的國際聲望與國際競爭力。對世界經濟發展、人民幸福更有貢獻，MNE 也才能更加發展。

一、聯合國對多國籍企業道德之規範

（一）聯合國對多國籍企業道德之規範

　　多國籍企業對世界經濟發展貢獻之大，對地主國之影響力，也將是利弊參半，為此聯合國制定「多國籍企業經營之道德規範」（2000年）。

1. 對待工人的倫理

　　不違反地主國的「人力資源政策」；尊重雇員參加工會及集體談判的權利；僱傭政策及促進平等工作機會；提供員工同工同酬；事先

公布經營的改變，尤其是關閉廠房，以減低這些改變所產生的負面影響；提供良好的工作環境，有限度的工作時間、有薪假期及防止失業；促進工作穩定及職業保障，避免隨意的解僱，及給予他們有關工作風險的知情權；支付員工最起碼能應付生活的工資；令地主國的低薪階層受惠；爲外來工人及地主國本土工人之間的工作機會、工作環境、在職訓練及生活條件做一個平衡。

2. 對待消費者的倫理

尊重地主國有關「保護消費的法律及政策」；透過不同形式的資料公布、安全包裝、合適的標籤及適當的廣告，保障消費者的健康安全。

3. 環境倫理

尊重地主國「保護環境的法律」、目的及優先次序；保護生態平衡，保護環境，採取防禦性的措施來避免環境破壞，及對破壞的環境處理；公布可能發生的環境傷害，及減低會導致環境破壞的意外的風險；應促進國際環境標準的發展；控制一些導致空氣、水土汙染的工序；發展及使用一些能監控、保護及培育環境的科技；與地主國及國際組織合作，開發本國及國際環境保護標準；爲地主國政府當局提供企業產品及生產過程對環境影響的資料。

4. 對待地主國的倫理

「不應賄賂」或支付不適當的費用給政府官員；應避免在地主國不適當或非法的參與或干預；不應干預政府與政府之間的關係；爲當地提供公平參與的機會；優先使用當地的配件及原材料，及在當地做再投資；遵守當地法規、制度及習俗，遇到爭論時，應利用國際糾紛調解機制來解決；與政府有關方面合作，評估對發展中國家的影響，

及加強發展中國家的科技能力；因應企業在其中經營的國家之國情，發展及調整科技以滿足當地的需要；在發展中國家進行研究開發時，應盡量利用當地的資源及人才；以合理的條款及條件，頒發行業的智慧財產權牌照。

5. 一般倫理

尊重基本「人權」及「基本自由」；尊重所有人在法律面前獲得平等保護，工作、職業選擇，公平及良好的工作環境，失業保障及防止歧視的權利；尊重所有人的思想自由、良心、宗教、意見表達、溝通、和平集會、結社、行動遷徙及居住自由；促進一個可以支持工人及其家人健康和幸福的生活標準。

（二）「全球盟約」的十項原則

係於 2000 年 7 月在聯合國總部紐約正式啓動的一項計畫，在人權、勞工、環境和反貪腐四個面向制訂十項原則，目標是使承諾永續經營與社會責任的企業，能有一套框架以制定策略。

1. 人權

原則 1：企業應支持及尊重保護國際宣示的人權。
原則 2：保證不會成爲串謀侵犯人權的共犯。

2. 勞工標準

原則 3：企業應堅持結社自由及有效確認集體談判的權利。
原則 4：消除所有形式的威迫及強制勞工。
原則 5：有效廢除童工。
原則 6：消除就業及職位的歧視。

3. 環境

原則 7：企業界應支持環境問題的預警進路。

原則 8：採取促進更大的環境責任計畫。

原則 9：鼓勵環境友善科技的開發及傳播。

4. 防止貪汙

原則 10：企業應禁止所有形式的貪汙，包括勒索及貪汙。

（三）社會責任金字塔論

　　管理學者卡爾路（Carroll, 1996: 35-37）將企業的社會責任類比於一個金字塔（如圖 4.1），責任金字塔包括了四個部分，分散在一個金字塔的四個不同層面之內。這四個部分是：

1. 經濟責任（economic responsibilities）：企業作為一個生產組織，為社會提供一些合理價格的產品與服務，滿足社會的需要。這個部分位於金字塔的最底部，表示這類責任為所有責任的基礎。

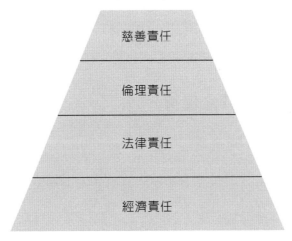

圖 4.1　社會責任金字塔

2. 法律責任（legal responsibilities）：企業可以在一個社會內進行生產等經濟及商業活動，是要先得到社會容許。社會透過一套管制商業活動的法規，規範了公司應有的權利與義務，給予公司一個社會及法律的正當性（legitimacy）。公司若要在社會上經營，遵守這些法律就是公司的責任，法律責任位於經濟責任之上。

3. 倫理責任（ethical responsibilities）：在法律之外，社會對公司亦有不少的倫理要求及期盼，包括公司應該做些什麼、不應該做些什麼等。這些倫理的要求及期盼，都與社會道德有密切關係，其中包括了消費者、員工、股東及社區相關的權利、公義等訴求。倫理責任位於法律責任之上。

4. 慈善責任（philanthropic responsibilities）：企業做慈善活動，中外都很普遍。一般而言，法律沒有規定企業非做善事不可，企業參與慈善活動都是出於自願，沒有人強迫。做慈善活動雖是自願，但動機可不一定相同。有的企業是為了回饋社會，定期捐助金錢或設備給慈善公益組織，或經常動員員工參與社會公益活動；有的公司做善事主要目的是搞公關，在社區上建立好的商譽，不純粹是為了公益。但只要能令社會獲益，動機純不純粹是無關宏旨的。依卡爾路所言，慈善責任等於做一個好的企業公民（be a good corporate citizen）。

二、企業道德經營之優勢

（一）企業經營與道德之關係

Dunning（2004）認為，企業經營失敗與道德之關係，其內容如下分析：

1. 市場失敗：道德危機、不正確的總體經濟政治、過度的投機（不

動產和股票市場）、不適當評價貨幣、操控外匯匯率、跨國和公司內移轉價格、短期債務不良時程規劃、強大黑市的存在、獨占力量的濫用。

2. 機構的失敗：管制和監督體系未發揮有效機能、不完備的法律和財務架構、財產制度保護的缺陷、可信度和透明度的缺乏、財務報告的不充分標準。

3. 道德的欠缺，亦即市場和機構失敗的核心原因，這些失敗包括裙帶和黑社會資本主義、賄賂和腐化、可信度、信賴和社會責任的缺乏，投資者和機構的過度貪婪。

　　Dunning 將經濟和機構之失敗和道德之失敗連結如圖 4.2，內容如下：

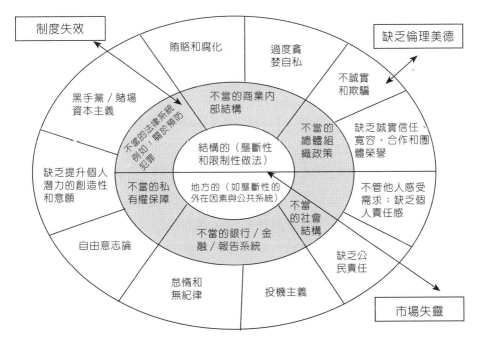

圖 4.2　全球企業經營可能失敗的三種方式圖解

- 國際商業交易不充足的基礎，通常和貪汙、腐敗、太多自我利益和貪婪結合在一起。
- 不正確的總體組織政策，常和不誠實、欺騙、缺乏信任、協調能力、耐心、團體忠誠有關。
- 法律制度的不足，亦即犯罪預防，通常和黑社會、賭場資本主義有關。
- 不充分的銀行、財務、會計制度，通常是機會主義、溫床、懈怠和缺乏紀律所致。
- 不充分的社會基礎，通常沒有效率、不關心他人的需求，缺乏個人責任和社會責任。
- 不充分財產權保護通常缺乏創造力、提升個人能力和潛力意願，以及放蕩主義。

（二）道德倫理基礎管理之優勢

1. Wolfram（2004）（全球倫理基金會成員）對倫理基礎管理之優勢，提出如下觀點：
   (1) 致力於獲利的前提，自發性顧及倫理，而不是迫於規定，企業長期目標比短期目標更重要。倫理基礎的管理可避免負面輿論，且增加公司在社會上的接受度、國際上的信譽。
   (2) 在文化和社會多文化的全球經濟環境中，協調一致和適合的行為之前提，因具倫理基礎必有改善。
   (3) 將倫理標準置入實踐，強調企業長期目標，在管理上強調公司及其利益關係人的基本權益和策略，則有利於企業成長，優秀員工也願意投入。
   (4) 員工具「專業」，也具「倫理知能」的合格條件，係為企業所歡迎的。即使不景氣，也會優先聘用。

(5) 對價格、目標、組成和利害關係人的特質有正面影響。1999 年
美國已普遍傾向倫理生態的投資，因此，在倫理生態問題中已
顯示對公共利益和透明化的重視。

(6) 依據倫理基礎的管理原則來經營，企業和供應商、買方之關係
必更穩定、可靠與長久。

(7) 如果公司有好形象且長期承諾倫理準則，可期待在處理生態和
政策方案上必有改進。

2. Hans Kung（2003）爲全球倫理基金會主席，強調公司管理以倫理
爲基礎之管理優勢，與企業的 (1) 長期績效；(2) 社會、政府的接
受和形象提升；(3) 產品品質化；(4) 組織承諾以及高度生產力；(5)
擁有盡忠職守、團結合作精神的優秀員工；(6) 製造商與銷售商關
係更好等，都會有正相關。

三、和平共生倫理金字塔理論

　　全人類期盼的世界和平、人類幸福、社會繁榮，但因受世界的文
化衝突問題、企業道德問題等世界問題深切之影響。爲紓解世界問
題，聯合國有法律規範，各國亦有法律規定，但是這些都屬於「外部
法律制度倫理規範」，未有內心激勵的倫理道德，世界問題仍然存
在；此外，法律規範之不足，有賴於倫理道德之彌補；而倫理道德之
落實，人民必須持有「和平共生精神」。茲因世界各大學的教育偏
失，高度重視「專業性知識教育」，而忽略「教養性智慧教育」，爲
此，大學必須「專業性知識教育與倫理教育並重」，並加強池田大作
（國際創價學會會長，2015）的「人生哲學，心靈智慧」的啓發，
「和平共生精神」、「人道主義競爭精神」等，才能發揮和平共生精
神落實倫理道德，爲達此目的，有賴於全球各大學教育者對學生加強
「全球公民教育」。

　　全球公民教育（池田大作，2009）使命包括：1.能使人分享希望的教育，對人類所面對的各種問題的理解。2.能夠引發出「自強」性力量，和能促進團結一致解決問題的教育。3.能提高「不在他國人民的犧牲上，追求自己國家幸福與繁榮」的共通意識之教育。（如圖4.3）

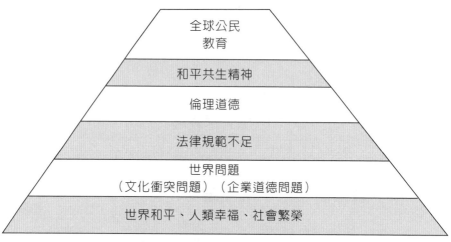

圖 4.3　和平共生倫理金字塔

資料來源：大學教育者的使命必須重視「和平共生倫理金字塔理論」（林彩梅，2015）。

　　換言之，大學全球公民教育之普及，青年持有和平共生精神，能落實倫理道德，彌補法律規範之不足，才能紓解文化衝突問題、企業道德問題等世界問題，整合「外部法律制度倫理規範」教育以及「內心和平共生精神倫理教育」，達到「和平共生幸福倫理」，青年可建立有希望、團結、和平的世紀，企業發展、社會繁榮、世界和平、人類幸福（林彩梅，2015）。全球公民教育可集青年之力，創造希望黎明，以青年之手敲響世界和平、人類幸福之鐘。

【附註】

1. 葉保強（2008），《企業倫理》，五南圖書出版股份有限公司。
2. 同〔註1〕。
3. J. H. Dunning (2004). "An Ethical Framework for the Global Market Economy", *Making Globalization Good*, OXFORD University UK.
4. 同〔註2〕。Wolfram Frudenberg，〈倫理基礎管理之優勢〉。
5. 同〔註2〕。Hans Kung，〈倫理架構與知能〉。
6. *Council for Better Corporate Citizenship Report* (2003). "International Corporate Social Responsibility (CSR) Standards and Norm: Present Situation, Future Challenges", pp. 4-6.
7. 同〔註1〕。
8. 池田大作，馬吉特、德拉尼安（2006），《21世紀的選擇》，陳鵬仁譯，正因文化事業有限公司。
9. 池田大作（2001），〈人本主義——地球文明的黎明〉，《和平倡言》。
10. 林彩梅（2015），〈和平共生倫理金字塔理論〉，《池田大作和平思想研究論文集》第11屆，中國文化大學。

美、日多國籍企業經營理念

經營理念（managerial philosophy）與「經營哲學」可視爲同義。經營理念是經營管理者所持有之信條、理念以及理想，對經營目標之設定有很大影響，所決定經營活動的內容與管理制度，對股東、從業員以及其他利害關係者亦有影響。經營理念的表現，是公司的「社訓」和經營者之行誼。經營理念可分爲革新型、保守型、反動型三類，以及「古典型」即是擁有所有權之經營者型、和「現代型」即是專業經營者型，依經營現況而言，「現代型」即是專業經營者型；依經營現況而言，「利潤理念」是古典型、被動型之理念，而「社會責任理念」是現代型、革新型之理念。但實際上，專業經營者型之全部或部分，也難謂都持有現代型觀念，因此，持有「社會責任理念」是「革新型」。

多國籍企業經營之發展，除有龐大資金、高科技產品技術、擴大國際市場之外，最重要的是經營者之「經營理念」，以及員工的「工作價值觀」、「員工士氣」、團隊合作的成果。美日多國籍企業經營績效在全世界均屬成功的大企業，但是兩國的經營理念和文化都有不同，很值得各國企業發展加以研究。以下以爲美日 MNE 經營理念與員工士氣之比較分析。

一、美日企業經營理念之比較

（一）美國式企業經營理念

科學管理的歷史近一百年，卻成爲美國近一百年來成長最迅速、體系最完備的一種科學。美國人以開疆拓荒的冒險精神，以及謹慎嚴密的管理制度，爲企業組織創造源源不絕的利潤。美國企業以傳統的個人主義爲經，以講求效率、注重數字的管理方法爲緯，開創了一個工商業時代的新紀元。

　　美國式的企業管理是美國文化的產物，強調速度，立刻爭取表現，立刻給予獎勵；強調個人利益，高生產力，即有高報酬；強調數字，具體的數字是一切考核的標準，抽象的內涵不受重視，強調利潤，公司只關心股東的利益，漠視員工、社會各方面的需要（員工無歸屬感、經常轉換公司）。

（二）日本式企業經營理念

　　日本企業的管理特色在於溫情主義、終身僱用制，忠誠心的「團隊意識文化」。精密的分工、高額的利潤，穩定的員工，卓越的技術，這些都不是日本企業經營者追求的最終目標。日本的企業經營者最津津樂道的是自己的「經營哲學」，其經營哲學能與企業融合為一，使日本企業從中滋生出「家族式的共同意識」，培養出外人無法理解的「信任」、心連心、微妙與親密的關係。對內員工社交、工作、生活各方面的需求，都可以在公司安排下得到滿足。對外以人道主義競爭，企業長期通盤計畫不受短期利潤的干擾，可以逐步付諸實施，同時企業內前輩與後輩傳承、教導之關係，能夠提高整體的團結合作成果。經營哲學是考慮「人與工作、與企業」的關係，以及「員工、顧客和社會」的長期利益。

二、美日企業文化特色之比較

（一）美國企業文化特色

　　美系企業經營理念，以泰勒（1991）的科學管理之精神，強調速度，爭取表現，立刻給予鼓勵；公司對員工教育以及品管訓練較少強調個人利益，鼓勵個人研發，追求卓越與高生產力，即有高報酬，強調數字為考核員工標準；強調企業利益極大化，海外子公司獲母公司

高度授權（Otterbeck, 1981），強調母公司生產標準化制度的直接移轉，較少考慮當地文化之差異（William Ouchi, 1981）。對生產管理控制較少，對員工教育訓練也有限，技術缺乏效率。而員工經常只要求成立交涉聯盟，要求改善工作環境與待遇，而忽略自我品管的提升才是更為重要。美國員工罷工並非「全國性」，而是以「公司」為主，因此公司不能正常營運，每次都造成公司很多損失、表現員工士氣之低落、缺乏團隊精神。依 Hofstede（1998）理論分析，美國企業屬於高度個人主義、高度男性主義、高度權力距離者。

（二）日本企業文化特色

日系企業經營理念，考慮「人與工作、與企業」的關係以及「員工、顧客和社會」的長期利益。企業文化特色，溫情主義，終身僱用制，高度忠誠心的「團隊意識文化」重視「世界市民教育」，提高和平共生精神，高度重視對人才以及品管的嚴格訓練與員工穩定，精密的分工，以「匠心」生產高品質，以「關心」提高售後服務。主管與部屬有家庭式的共同意識，相互信任。日本對操作員的訓練，依據日本「師徒制的教育模式」，嚴格品管訓練，鼓勵「匠心」學習態度，其技術的獲得不是透過「語言」，而是透過「觀察、模仿與實作」。自己再加以消化、改良、創新、製造比原產品更卓越的品質是「精緻生產文化」。海外子公司重要事項，必須經母公司同意與支持，強調企業經營為人類利益極大化，並以「人道競爭精神」提高國際競爭力（江夏健一，2006；林彩梅，2006）。

許多研究都讚賞日本「精緻生產文化」的成功，由「規模經濟」移轉至「精緻經濟」。產業間關係互助合作，大型製造商與銷售商間以感恩、惜福、惜緣合作無間。日本罷工是「全國性」，並無以「公司」為主。每年有「春鬥」與「秋鬥」兩次。全國地下鐵停駛，但未

有公司員工因此缺席或遲到。住遠的自己訂旅館，住近的當天提早開車出發，因當天塞車很嚴重，而每家公司都照常準時營運，未有損失。可見日本員工士氣之高、團隊合作精神之成效。日本企業特別重視嚴格的在職訓練，尤其是「地球市民教育」，提高和諧、團隊經營成效。依 Hofstede（1998）理論分析，日本企業屬於高度群體主義、高度女性主義，以及低度權力距離者。

　　日本企業的特質：(1) 工作的內容、順序、時間和成果，明確詳述於說明書內；(2) 在生產過程中保持簡單、不混合直接的路徑；(3) 重新思考公司的長期發展範圍，加強製造商和供應商之間的競爭式團結合作；(4) 現場的生產，高度強調細節；(5) 不斷地試驗和回饋，透過科學方法促進進步；(6) 在員工團體之中，尊重共識基礎和分享決策（Spear & Browen, 1999）。

　　日本員工經常共同合作為改善與創新而尋求解決的新方法，日本生產文化不僅具有長期導向，也是一個高語境的內心文化（Stewart & Bennett, 1991），由於彼此依賴度高，它的溝通較傾向採取間接方式，心連心含蓄的理解，因此從招募和遴選程序，均包含了聘用前詳細的經歷（Doeringer, 1998, p.13）。

（三）美日企業經營特色之差異

　　日本企業經營方法之特性，實為促使戰後日本經濟快速成長、主要因素。

　　日本型經營方法之特色，用人則採年功序列（依年資提升）、終身僱用制等溫情主義；以及縱型的公司組織型態，員工用心努力專業性及對公司之忠誠心、團隊精神、長期傳統性的世界最低轉職率，及員工參與制度（全體同意）等之特徵。政府與企業間亦維持密切的協調關係，對日本經濟之快速成長貢獻很大。

日本企業與美國企業在經營上之主要差異如下：

1. 日本國民性偏重人情味，且日本社會關係與美國契約制有很大差異，以人與人之間的私誼親疏為準。

2. 日本人對長輩尊敬之崇拜主義與美國人之尊敬涵義不同。

3. 日本人重視對團體的忠誠，美國人則較尊重個人主義。

4. 日本社會是「縱向型」的聯繫，意思決定是由下而上（部屬提建言，層層向上，上級決策快速進行），欠缺橫向流動性，再加上尊重前輩之教育制度，更促進縱向流動性之活躍。美國社會是「橫向型」的聯繫，意思決定是由上而下。（上級決策，部屬研擬層層向下）

5. 日本傳統上具有高度政策力，引進外國的技術加以學習、改良、創新，是日本經營成功的一項要素。

6. 如 1、3 項所述，日本政府與產業界，以至個人與企業間存在高度之協調關係，在美國社會不易存在。

7. 以日本銀行為頂點構成的分支金融機構，對日本經濟之高度成長有很大幫助。

8. 在縱向型的日本社會中，和美國橫向型的勞動市場不同。由於一般國民在縱向型社會中對團體的忠誠心，以及不追求眼前利益，只求工作安定和受社會的承認與尊敬。

9. 日本企業是擴大市場導向，美國企業是有利潤市場導向。

美國社會和日本社會很明顯的對照是，個人主義與團隊合理主義的色彩很濃，是動態的橫向型社會與縱向型社會。美國經濟已進入高度大眾消費時代，勞動市場是橫向型，員工流動性比日本高很多。資本市場比日本發達，況且政府與企業關係在日本是融合協調相處，在美國卻是存在對立。

（四）松下企業經營理念

　　松下幸之助社長（1979）提出二十項經營理念，與現代「有效之管理」相貫通，可互相對照應用：

1. 「確立經營理念」，係指經營者對於企業的「設立宗旨」、「經營使命」以及「管理方法」具有明確的基本認識。企業如能將經營理念作爲推動事業的根本基礎，必能有效運用人力、技術以及資金，達到經營的崇高目的。

2. 「事事謀求生成發展」，係指生存成長要根據自然的道理及社會法則以產生正確理念。世界各種不同資源都有限度、有可能枯竭，企業經營者必須要有國際觀，適應環境的變化，企業經營原則必須不斷尋找新的發展、新的投資，促進企業更加發展。

3. 「抱定崇高之人生觀」，係指經營者應尊重人性，瞭解人類特性，無論是經營者、公司同仁、消費者以及各方關係者都是人，因此，企業經營也可稱爲人與人之間相互依存，爲追求人類幸福的一種經濟活動。所以必須具有崇高的人生觀。

4. 「認識正確之經營使命」，係指企業本身具有公益性，所以應以提高人們生活素質爲使命，對社會才能有所貢獻，不能僅認爲企業是追求私利之工具而已。

5. 「順應自然法則」，係指企業經營應按有效管理的牌出牌，一切以因應市場需求而改變，順應自然法則而改變。

6. 「利潤是合理之投資報酬」，係指企業追求合理利潤是貢獻社會的有力泉源。經營虧損不但浪費國家寶貴之資源，而且也對不起社會，所以要確保合理利潤的取得。

7. 「貫徹共存共榮之精神」，係指企業追求利潤時，應兼顧社會整體的利益，不可犧牲別人作爲自己利益的代價，應與其他企業共同謀求發展，且以人道主義共存共榮之精神才能長期貢獻社會。

8. 「將人類社會視為光明正大」，係指經營者對當今世界有些人立場不同、看法不一，想法和做法不合規範，絕不能以偏概全，把人類社會視為不可信賴的世界，必跟隨輕率經營；若將社會人群視為光明正大，他的經營必朝光明正確方向去適應。

9. 「要有必成之信念」，係指企業為完成經營的使命進而貢獻社會，必須謀求長期性的業務穩定與發展。平時應腳踏實地，正當而勤奮努力，追求最終的目標。不應自暴自棄，隨時放棄追求成功的理想。

10. 「力行自主之經營」，係指企業暫時尚可依賴他人技術，但就長期觀點而論，從吸收、消化、改良到創新建立獨立自主之技術，必能使事業健全發展。

11. 「水庫式之經營方式」，係指企業經營無論何時都應以殷實的態度謀求穩健之發展為原則，對任何事件之處理，都應容有餘量，以便應付臨時變化情況之需要，像水庫似地可調節乾旱及洪水，應付四季之變化無損民生。

12. 「適合之經營觀念」，係指事業經營必須衡量本身有限能力，不可勉強超越己力，而致績效衰退。所以當事業規模擴大時，應化一為二，實施分權管理。

13. 「貫徹專業化之經營」，係指企業經營者經常在激烈的競爭環境中進行，若在同業競爭中分散力量經營風險較高，沒有具備特殊優越的條件，而能集中全力於某一項專業化事業之經營，將比同業容易達成較佳的成果。

14. 「造就人才」，係指「萬事在人為」。事業經營者應培育優秀的人才繼承。無論組織如何健全，技術如何新穎，如果沒有優秀的人才，絕不會有良好的經營成果，企業經營使命更無從實現。培育人才即是企業發展之核心。

15. 「集思廣益，全員經營」，係指經營者如果能善加運用全體從業

人員的智慧、集思廣益、群策群力，公司的業務發展必能產生預期成果。

16.「勞資關係之調和」，係指勞資雙方關係如果不能融洽，必阻礙企業經營與發展，對勞資雙方都不利。反之，如果勞資雙方關係非常協調，企業經營成果必定大幅提升，對勞資雙方都獲利，必帶給企業成功、員工幸福、社會繁榮。

17.「經營是一種創造」，係指企業管理是一種無中生有，化小為大可貢獻社會，人民幸福、世界和平之創造過程，其偉大、美妙、崇高之處與藝術創新相同，甚至有過之而無不及。

18.「適應時代的變化」，係指企業經營的目的是在謀求並增進人類社會的生活福祉。在經營目標不變之前提下，政策、戰略方針、方案等措施，皆須因應時代環境之變化，而採取制宜之變化，不可墨守舊規而致失敗。經常力求進步，迎合時代之需要。

19.「適切關心政治」，係指政府之政策與企業發展深切相關。現代經營者為使企業發展，對政治安定寄予殷切的關注與無限的厚望。為國家經濟發展、人民幸福，對政府應多給予寶貴建言。

20.「真誠心境之涵養」，係指企業經營者應持有冷靜、公正、理智的真誠之心境涵養，不受利害關係，感情用事或先入為主的觀念所影響，對人對事判斷引導必能正確。

三、日本豐田企業國際化的經營理念

豐田企業經營理念（西村克己，2005）

1. 遵守國內外法律與精神，透過公開、光明正大的企業活動，以能獲國際社會信賴的企業市民為目標。

2. 尊重各國、各區域的文化、習慣，透過扎根於地區的企業活動，

對經濟、社會的發展有所貢獻。

3. 以提供完美安全的商品為使命，透過一切企業活動，致力於建設居住舒適的地球和繁榮社會。

4. 努力各種領域中的最先端技術的研究與開發，提供符合世界顧客的期望、充滿魅力的商品與服務。

5. 依勞資雙方相互信賴的基礎，提升個人的創造力與強化團隊合作的最大優勢，創造企業倫理文化。

6. 依全球化之革新性的經營，能與社會調和的成長為目標。

7. 以公開買賣關係為基本，互相致力於研究與創造，實現長期安定性的成長與共存共榮。

四、美國 IBM 經營理念

（一）前言

　　IBM 是美國製造電腦銷售之公司。其英文全名為「International Business Machines」（中文譯為「國際商業機器公司」）。IBM 之前身為 CTR，係「華特生二世」（Thomas Watson, Jr.）1914 年創設於紐約。

　　IBM 歷史悠久、規模龐大、員工眾多，營業額及獲利率均甚高。IBM 能有今天之發展與成就，應歸功於創辦人華特生二世正確之經營理念。IBM 具有一項基本想法，認為企業雖然是以營利為目的，其利益分配之次序，應以顧客之利益為最優先，其次應考慮到員工之待遇福祉，最後才是股東應得之股息紅利。

（二）IBM 之三大信條

　　一個企業經營之成效，其關鍵在於公司能否有效活用及發揮全

體員工之智慧與能力。要活用員工之潛能，恐無法單從組織結構或人事管理之形式獲致成效，應該建立信條作為員工敬業樂群之指南。IBM 從 1914 年經營迄今，尚能屹立於世，乃繼承創辦人華特生二世所制定之崇高經營理念所致。企業發展之因素很多，其中諸如技術革新、組織結構以及卓越之管理人才等都不可或缺，但最重要的仍是決策階層對經營企業所具有之基本哲學，以及依據此項經營哲學所產生之推動力量。這個精神力量就是員工之信念。它應置於企業經營活動之最前端，作為各項業務、戰略及營業方針之指南。如果任何規定違反了信條之精神，應立即加以適當修正。IBM 之信條已成為公司之教典，它灌輸了每一位員工忠誠服務公司的意識領域。

IBM 以三大信條，作為公司之經營理念，茲分述如下：

1. 尊重個人，發揮天性

這是三項信條中最重要之一項。IBM 認為公司最大之資產為員工，因此公司認為關切員工之福祉，和指導員工發揮其智能，貢獻一切，其真正之受惠者還是公司本身，不但符合公司眼前整體之利益，也有助於公司長遠之發展。

IBM 認為人類沒有不能解決之問題，只要透過教育，一切難題均能獲得解決。創辦人華特生二世曾說：「教育是促進人類進步之萬靈丹」。因此，IBM 對員工之在職訓練及客戶之教育，一向甚為重視，而且獲致相當成果。

IBM 認為，公司應嚴格訓練員工，使之琢磨成器，肩負責任。每一位員工亦應充分發揮本身之潛能，這樣公司才能持續發展。華特生董事長又說：「IBM 的名譽掌握在全體員工之手中，因此員工之生活言行不得使公司蒙受不利之影響。」

2. 顧客至上，服務第一

日本 IBM 公司董事長稻垣早苗說：「IBM 是世界上最重視服務客戶的公司。換句話說，IBM 就是服務，要服務請找 IBM。」服務客戶具體之事實就是滿足顧客之需要。他們把服務視爲與商品一樣重要。IBM 提供客戶之服務有三種觀念：

(1) 確實把握顧客使用電腦設備之眞正需求。

(2) 盡量配合顧客之需要，並檢討各項可行之方法，協助促其實現。

(3) 重視提供客戶最優良之售後服務。華特生董事長曾說：「從爭取客戶之信賴來說，服務顧客是理所當然的事。我們要以顧客至上，服務第一，來滿足他們的需要，而且抱著極大的信心來推動。IBM 就是這樣一步一步發展起來的。」

3. 完美主義

所謂完美主義就是一流主義，就是在任何情況之下，用最高的目標盡最完善的服務，以達到盡善盡美的地步。IBM 認爲：「與其訂完之目標而偶然達到成功，倒不如自始自終建立一個完美之體系較爲理想，即使是發生挫折，總有成功的一天。」這是 IBM 經營方針追求理想目標之明燈。他們教育員工要追求盡善盡美的理想。以「擇善固執、貫徹執行、獲得最佳之成果」而自豪，這樣才能精益求精、進步再進步。

IBM 與其他企業一樣，也標榜品質第一、顧客至上。但是 IBM 與其他企業所不同的就是在服務方面比其他企業做得徹底。一旦發生問題，只要顧客有所請求，IBM 總是以最快的速度及最妥善的方法謀求解決，以贏得顧客的信賴。

五、美日多國籍企業之經營法則之比較

　　美日多國籍企業之發展，因經營理念的不同，其經營法則也不同，值得為各經營者深思熟慮，細心參考對當地之適應性。美國的 IBM 公司和日本的豐田公司都是成功的大企業，以下以這二大公司的經營法則做比較。

（一）日本多國籍企業之經營法則

　　日本豐田汽車工業株式會社之經營法則：

1. 銷售法則

(1) 銷售商品真正的意義，並非僅以出售產品為滿足，而應制定容易銷售之條件，以達到行銷之效果。

(2) 公司不得因已製成產品才執行推銷，應以滿足消費者之需要而製造。

(3) 消費者對公司產品所寄予之信賴，係來自於公司所締造之信用。

(4) 廠商與經銷商之間的關係，應建立在共存共榮及相互利益之基礎上。

(5) 銷售一如生產，不應忽略長期性之相關投資，以配合未來消費市場之潛在需要。

(6) 為把握商品銷售之市場，有時即使「無理」，也要克服進行。只要能隨機應變，必能掌握有利之商機。

(7) 為獲得銷售市場上競爭之勝利，必須經常針對問題詳加思考，並檢討其利弊得失，謀求改善。

(8) 銷售政策應一視同仁，不應僅顧及大國（大主顧）之需要，

而忽略了小國（小顧主）之訂購。

(9) 公司如欲進行或開拓其他業務之新投資，必須兼顧本身主要業務方面可能產生之衍生，利益應收相輔相成之效果。

(10)日本是以占有「市場」、擴大市場為銷售目的。因此在不景氣時，美國放棄沒有利潤的市場，日本以高品質、低價格降低利潤，提高服務品質，擴大市場占有率。

2. 生產法則

(1) 產品製造所需使用之機件用品，應該適時適量加以供應，在生產過程中，應盡量排除可能產生之無謂浪費。

(2) 機器之作業不應只注重其「自動化」之作用，應著重在生產作業控制上是否具有「自動化」之功能（「自動化」係指機器在生產過程中，一旦發生任何故障，均能立即自動停止作業，以免錯誤作業所引起之一連串連續錯誤，造成不可收拾之嚴重損失）。

(3) 公司製造產品，不應僅注重「種類少、產量多」或「種類多、產量少」之方式，而應採取「種類多、產量大」之多角化大量生產方式，並且使用「標準化」製造，以降低生產成本。

(4) 經營者應確實瞭解現場實際作業情況，徹底執行有效之作業，以提高產品之附加價值。

(5) 將肉眼看不到之浪費，轉變為看得見的浪費，以利檢討改善（因看得見之浪費，總比看不到之浪費容易改進）。

(6) 公司應未雨綢繆預先設立「減產情況下之生產體制」，以期在不景氣情況下亦能順利營運。

(7) 過多而又繁瑣之商場情報，反而易使生產導致混亂，公司仍應依照原定計畫，採取最有效之方法，調整其生產機能。

(8) 欲生產優良而又高水準之產品，有賴於全體員工集思廣益，

共同創意。

(9) 技術屬於自律性，它與具有他律性界限之資源不同（世界資源有限，而人類之智力無窮）。因此公司應鼓勵員工經常創造發明，不斷研究改進。

3. 財務法則

(1) 公司對外借款應有合理之限度仰賴，負債之經營並非良策。總有一天它將成為公司可怕之敵人，尤以收益性不高之企業為甚。經營者不能不銘記在心，謹慎行事。

(2) 公司在營業收益性良好時，應多提存準備金。如果持有充裕之資金，在可能範圍內，應盡量投資於有利之機器設備，以提高生產效率。

(3) 公司應建立良好之財務體制，以因應特殊產銷情況之需要，以利資金之調度。

(4) 國內外經濟情況難以預測，經營者應經常顧及如何在最壞情況下使用資金，以發揮運用之效果。

(5) 公司經營規模一旦擴大，營業收益必然相對增加。然公司內部之各項費用亦應撙節，以收合理控制之效果。

4. 人事法則

(1) 真正之人才並非僅從頭腦敏銳之「都市人」中選拔，而應自勤勉向上、不辭辛勞之「鄉下人」中陶冶培育。

(2) 社員（員工）之實力，不應從學歷和學力加以評鑑。學歷僅能代表達到能力之一種過程，充其量只可作為實力之一般基礎。

(3) 勞資關係應建立在協調融洽之基礎上，雙方與其堅持對立，不如「以和為貴」，共同謀求相互信賴為上策。

(4) 事業經營之成敗關鍵係在「人」謀。不論優良產品之製造，或營業收益之提高，其長遠有效之方法，莫過於從「造育卓越人才」著手。

(5) 不論任何優良之產品，均有賴於優秀人員之推銷技巧。全體從業人員乃公司最寶貴之無形資產，公司應妥善照顧。

(6) 商場之競爭處於現實「勝負的世界」中，因此，公司員工才幹之強弱，決定於其處理任何事務具體之成效上。每個人應在本身工作崗位上全力以赴，完成任務。

(7) 企業應以培養通達情理、體認社會責任之優秀主管為己任。企業如能取之於社會，用之於社會，善盡社會責任，才能奉獻社會。

（二）美國企業之經營法則

美國 IBM 公司之經營法則：

1. 銷售法則

(1) 對於 IBM 國際型公司和整個世界網絡，此一法則的重點是透過產品開發來滿足市場需求，這是公司為實現成長和競爭優勢而制定的密集策略之一。

(2) 為了確保創新的重要性，IBM 公司將「卓越」設定為資訊技術業務成功的關鍵因素。例如：優秀的電腦系統可以在解決客戶業務問題，為客戶帶來長期利益。因此，這個經營法則也為公司品牌的價值做出了貢獻。

(3) 信任和尊重導致各方人員能建立積極的關係，從而支持員工士氣提升，並加強與業務合作夥伴或供應商的聯盟。在這方面，儘管面臨與電腦技術行業高度競爭的相關挑戰，此一經

營理念仍有助於提高業務彈性。

(4) IBM 的另一個銷售法則是與不同行業和市場的其他公司建立聯盟，此外部因素基於行業和市場中技術集成的趨勢。例如：其他行業（汽車行業、農業生產等）的產品越來越依賴於計算技術。

(5) 致力於讓每個客戶都能成功：此一法則是將客戶的需求作為最重要的事，IBM 在對客戶高質量服務的維持，以滿足客戶對資訊技術業務的需求。這種企業經營理念的特徵，表明客戶關係對於業務成功達成的重要性。對客戶關心與服務品質的關注，是在產業經營上非常關鍵的因素。例如：基於客戶對產品有效性和服務品質的滿意，促使客戶更有可能對公司產生有利的看法並做出回應（例如：回購的增加及對他人的口碑影響）。因此，IBM 此一理念特徵支持客戶忠誠度實踐，以及穩定的不斷增長市場份額及業務目標。

(6) 高價值的品牌：IBM 長期以來對其品牌策略經營，使 IBM 品牌成為全球資訊技術市場上最強大的品牌之一。IBM 的品牌價值是基於產品的知名度和品質的久經考驗有效性，以及公司為客戶提供硬體和軟體解決方案方面的專業知識。此一內在因素強化了公司品牌價值，使其能夠成功地吸引和保留現有和新產品的客戶。

2. 生產法則

(1) IBM 經理鼓勵員工參與創新思維，提出可以破壞現狀並偏離業務傳統方案。透過這種方式，讓企業能促進創造力和創新思維，從而導致技術突破。

(2) 完整的供應鏈、熟悉生產過程和有效的物料管理：IBM 對供應鏈的高績效管理，在生產過程和材料管理方面，能持續累

積建構優良的專業知識。這樣的專業知識基礎，在長期創新上能加強開發能力，這一優勢對 IBM 內部而言，人才和技能成為公司重要的經營策略和人力資源開發計畫，並影響 IBM 在產業上的發展。

(3) 新產品的快速創新：快速創新的機會基於公司研發專業知識和擁有廣泛的知識產權、產品組合之實力，由於 IBM 公司擁有其內部優勢，所以為公司在設立外部的競爭力提供了支持，支持 IBM 長期業務增長目標的機會。

(4) 高規模經濟：雖然開發新技術產品的成本很高，但 IBM 利用其全球的高規模經濟，在各海外子公司及母國研發中心的緊密網絡，使其能快速的互補所需，縮短新品開發的時程，並利用全球市場來降低新品製造成本，能有助於保持經營上的競爭力。

3. 財務法則

(1) 在各個產業的業務多元化（diversification）：由於 IBM 公司在過去業務發展過程中，曾有缺乏多元化程度的弱點，所以，IBM 在 2000 年後的改組，跳脫其原有的固化，積極參與各個產業，實現業務多元化的策略，透過利用此一策略，使 IBM 公司可以利用其優勢進入其他市場。

(2) 高效益的知識產權運用及投資組合：IBM 公司受益於其廣泛的知識產權與投資組合，由於 IBM 長久以來擁有數量相當高的專利，使其可以增強公司在產業上的競爭優勢。當對海外尋求業務開拓時，就可運用其專利及技術的移轉或授權，而取得更佳的獲利。

(3) 自 2002 年將桌上型電腦硬碟業務出售給日立，2004 年其 PC 部門出售給聯想公司，IBM 開始轉型為管理服務

公司，並將 IBM 的經營策略著重於全球擴張和增加外包（outsourcing），同時更加重視業務運營的高獲利。

4. 人事法則

(1) 作為在全球市場主要的技術及服務公司，IBM 將組織文化的好處極大化，比如使用文化屬性的影響來激勵員工，使 IBM 的員工在面臨挑戰和問題時，仍能為業務增長做出進一步的貢獻。

(2) 企業文化定義了對員工行為的哲學、原則和價值觀。企業文化特徵也影響著人力資源發展，使企業有能力應對外部商業環境中的機遇和威脅。

(3) 組織文化對公司所有級別和領域的決策影響。這種全組織範圍的效應，促使公司管理者考慮到企業文化的影響，來制定和實施策略與政策。

(4)「THINK」（思維）是 IBM 企業最主要且最具決定性的特徵。透過在資訊技術行業運營一百多年，這種不斷的「THINK」特徵，對公司的持續發展產生重大影響。

(5) 在 IBM 的全球公司中，在所有關係中的信任和個人責任這個經營法則，促進了不同國家、不同種族彼此之間的信任，提高員工個人責任和對個人的尊重。這些因素影響涉及全球 IBM 員工、業務合作夥伴、供應商及其他人員的關係，透過此一法則，公司期望有形及無形的業務均能受益。

【附註】

1. 西村克己（2005），《*TOYOTA POWER*》，株式會社プレジデント社。

2. 小林規成（2007），《日本の國際化企業》，中央經濟社。

3. Panmore Institute- "IBM's Generic Strategy and Intensive Growth Strategies".

4. International Business Machines Corporation-"2016 IBM Annual Report". Form 10-K.

5. Steffen, B. (2017). "The physics of software tools: SWOT analysis and vision". *International Journal on Software Tools for Technology Transfer*.

6. U.S. Department of Commerce-International Trade Administration- "Software and Information Technology Services Industry Spotlight".

7. Guiso, L., Sapienza, P., & Zingales, L. (2015). "The value of corporate culture". *Journal of Financial Economics*, 117(1), 60-76.

8. Hartnell, C. A., Kinicki, A. J., Lambert, L. S., Fugate, M., & Doyle Corner, P. (2016). "Do similarities or differences between CEO leadership and organizational culture have a more positive effect on firm performance? A test of competing predictions". *Journal of Applied Psychology*, 101(6), 846.

9. Huhtala, M., Tolvanen, A., Mauno, S., & Feldt, T. (2015). "The associations between ethical organizational culture, burnout, and engagement: A multilevel study". *Journal of Business and Psychology*, 30(2), 399-414.

10. International Business Machines Corporation- "Our Values at Work".

11. Koren, Y., Gu, X., & Freiheit, T. (2016). "The impact of corporate culture on manufacturing system design". *CIRP Annals-Manufacturing Technology*.

12. 林彩梅（2012），《多國籍企業論》第七版，五南圖書出版股份有限公司。

美國多國籍企業之經營策略

多國籍企業跨國經營是指以國際需求為導向,以擴大為目標,進行包括一切對外經營活動,即在獲取、產品生產和銷售、市場開發目標的確立等方面,將企業置身於其中,並發揮自身優勢,開展對外經濟技術交流,參與、國際協作和競爭等一系列經營活動。

跨國經營策略,主要包括:(1) 生產策略;(2) 銷售策略;(3) 內部定價策略;(4) 研究和開發策略;(5) 差異化策略;(6) 成本策略。

通常,當美國的大型企業在進行國際營銷運作時,都會面對許多不同類型及非常重要的策略決策。在一般習慣上,領導者(通常是公司的執行長)首先需要在原則上做出決策,使其企業在一定程度上能達到國際化。而且,許多的美商大型公司都有意識到,如果他們有一個強大全球業務的期待與要求,在面對多種競爭原因上,他們就必須進行與擴大全球營銷。通常當高階管理階層對董事會及關係利益者承諾,美商企業就必須很明確未來要去的地方,以及是特定的國家還是地理區域,以達其績效目的。

在大型美式跨國經營中,用業務術語定義來說明全球戰略,對公司或組織設計和制定的計畫,最大的主旨就是針對其在全球範圍內的銷售增長。換句話說,這是多國籍企業的長期戰略,對多數美商的多國籍企業經營者而言,其目的就是要在當今不斷變化的國際商業環境中,獲得最大期望的發展及長期生存。

一、多國籍企業如何制定和實施全球戰略

首先,跨國經營必須弄清楚其在國際舞臺上的作用,核心競爭力是什麼、是否有國際人才、目標市場在哪裡?這樣才能避免在制定和發展過程中出現彎路。實施全球戰略,企業必須制定清晰的戰略計畫,然後結合自身特點與國際環境,選擇正確的方法。運用一些基本的國際數據來分析各個國家狀況,可作為一個好的起點。在進入新市

場之前，必須要收集有關該市場的足夠數據，然後根據策略重點和自身能力，選擇最佳途徑。

（一）麥當勞全球戰略

　　麥當勞就是一個很好的例子。作爲全球最大以漢堡爲主的快餐公司，從 1960 年代初起，便開始了其品牌擴張，在全球建立許多漢堡連鎖通路。從 1955 年 Ray A. Kroc 在美國芝加哥成立世界第一家麥當勞，截至 2017 年 4 月，它在全球 120 多個國家和地區，擁有約 3 萬多家分店，是全球餐飲業中幾乎無人不知的最高品牌，其主要的跨國策略，是隨著經濟全球化的不斷深化，在國際市場中的地位越來越舉足輕重，利用在海外設立子公司或授權經營，由母公司成爲國際間資源優化配置的主體，把世界經濟聯繫在一起。品牌內涵中包含了其產品品質、產品市場定位、品牌文化、產品標準化生產及品質保障機制、品牌形象推廣，尤其是特許經營的市場擴張模式等，嚴格奉行 QSCV 的經營理念（Q 代表產品質量 Quality，S 代表服務 Service，C 代表清潔 Cleanliness，V 代表價值 Value）。

　　隨著經濟全球化的深入，進行全球擴張戰略。對於美國快餐速食店而言，中國是一個巨大的市場，雖然中國市場是一個具有潛力的巨大經濟體，但早期歐美國家基於政治體制的考量，使得美國許多金融公司不願將業務擴展到中國大陸。而麥當勞的策略是在 1975 年 1 月從香港開始逐步拓展，後續在 1987 年 4 月香港麥當勞資金投資下，於澳門水坑尾街開設了首家麥當勞分店（也是當年葡萄牙國內首家麥當勞，葡萄牙本土 1991 年才出現首家麥當勞）。隨後在 1990 年 10 月，麥當勞透過麥當勞（香港）有限公司的全資附屬公司，投資 4,000 萬港幣在深圳市解放路寶華樓西華宮開設中國首家分店。2014 年 2 月，麥當勞分別在 5 個中國內地城市開放加盟（分別爲上海、深圳、

惠州、成都和瀘州）。2017年8月，完成對麥當勞中國公司的運營改革。麥當勞總公司將中國大陸以及香港的業務，交由新成立的麥當勞中國公司負責，新公司由中信股份和中信資本合組公司持有52%股份，以及凱雷投資（28%）和麥當勞（20%）共同持有。同年10月麥當勞（中國）公司名稱變更為「金拱門（中國）有限公司」。

從麥當勞母公司在中國事業的拓展來看，花了很多時間和精力。但如果麥當勞直接擴展到中國大陸而不是透過香港設立，那麼他們可能會像其他的美國速食餐廳經歷失敗。經由相互制約、共榮共存的合作關係策略，使得麥當勞在處理總部與分店關係上非常成功。然後，它的下一步就是發現並確定公司的資源和優勢，即麥當勞所擁有獨特的品牌，和可以在國際擴張中利用的某些特殊專利。採用特許經營等策略方式，不斷的進行國際擴張及利潤最大化，從而使母公司可以更明確設定其國際和全球各地主國目標。

在傳統上，有些人可能會對這種做法的各地主國觀點感到驚訝，因為他們認為一家公司應該首先列出其在國際上真正需要實現的目標。為什麼近期有些美式跨國公司將目標設定留到現在？主要原因是現時的環境快速變動，母公司必須瞭解市場中存在哪些機會及組織中擁有哪些資源來進行國際擴張，所以目標必須在現實的環境中設定，才能貼近未來的市場。一個簡單的例子，自2008年金融危機爆發後，美國經濟面臨不景氣時期，受其影響美國車市一直處於疲軟狀態，市場承受著巨大的壓力，自2017年起，美國車市波瀾不斷，整體銷量開始呈下滑趨勢。數據顯示，2019年上半年，美國汽車市場總銷量下降2.4%，預計全年銷量將在五年內首次跌破1,700萬輛。因此，汽車公司沒有必要設定大規模擴張的目標。通用汽車自2019年起，除了發展電動汽車（EV），並開始大量裁減及縮編各地分公司或工廠，其目的就是要更加現實其目標設定。

其次，在麥肯錫進行的一項調查中，發現四分之三的受訪者認

為，建立國際人才隊伍是一個大問題，人才短缺是其全球擴張計畫的最大障礙之一。大多數的多國籍企業在對應此一問題時，首先採用的策略是進行企業本土化，並制定明確的策略，除了利用內部多種資源（如人力資源的調派、教育訓練等方法），並運用國際招募吸引各國人才。同時對各級領導者也要求應具備跨文化問題的認識，並利用不同機會加強與國際人才交流。

　　例如：日本和韓國的汽車製造業的跨國經營，曾在多個市場裡進行收購（如日本的豐田、日產汽車等），在早期因為它們的領導風格沿用原母公司過多的文化印記，因而缺乏有吸引力的人力資源規劃項目，導致子公司人才轉移到其他各國也很困難，對那些留在被收購企業的關鍵人才也大量流失。經過十年左右的整合，部分企業嘗試著改變其原來的企業文化和對領導階層的培養。它們開始在本土以外採用在地化的市場開拓，比如不堅持在母公司進行企業的領導會議，而選擇在印度和中國，甚至在總部也把企業交流的「官方」語言設為英語。他們開始在內部的人力資源中，做多元化的發展投資，並從內部發掘有潛力的未來領導者，也實施了跨年齡層的傳承計畫，更明確的做好領導階層的繼承準備工作。同時從首席設計師到財務長官，還增加了執行長或高階管理團隊的外國人數。

　　另一個從日本和韓國企業跨國經營學到的經驗是，當需要在海外地主國克服文化差異時，它們會利用那裡的日韓移民群體，把本國文化帶到當地海外組織。在某種意義上，這是成功的做法，主要原因是，可透過在海外的本國移民，對當地文化的瞭解與已建立的社群關係，順利的融合於子公司中，而總部的文化和觀念不需要做重大改變，符合第二與第三文化的經營策略（林彩梅，2017）。

（二）App 軟體公司

另一個例子是通訊軟體公司 -Naver 株式會社（LINE），該公司由李海珍（韓語：이해진，1967 年 6 月）於 1997 年以 5 億韓圓的資金，成立了第一個三星內創業的公司——Naver.com。2011 年 6 月它後來公司脫離了三星，並且跟遊戲入口網站 Hangame 合併，成立了 NHN 集團。總部設在南韓城南市，因 311 日本大地震導致很多家人無法即時聯絡的問題，而在日本推出 LINE 即時通訊軟體，現在已經是全球領先的 App 軟體公司，全球已經有超過 28 個辦公室，聘僱超過 6,000 名員工。它採用多模式運營總部——LINE 的策略與研發主要是 NHN 日本團隊，隨著 LINE 下載量飛快增長，總部調派經驗豐富的韓國團隊協助開發。在推廣上採取在各個國家的高度在地化策略，提升使用者黏著度，全力讓 LINE 帶領 NHN 滲透全世界。因此，這類公司文化必須同時存在多樣性和強大的凝聚力，在世界各地的所有分支機構都擁有相同的企業文化和價值觀，並快速強烈的融入在地文化要求，才能開拓全球市場。

在本質上來說，全球化是一種新的競爭模式；企業創新週期也越來越短，在這場比賽中，能站在創新者最前方的人，才能是最終的贏家，所以創新與學習是不容忽視的策略。因此，多國籍企業必須建立一個有利於創新、知識創造和共享的環境。

在全球化時代，與競爭對手合作是多國籍公司的重要戰略。企業之間通常保持競爭與合作的微妙關係，這在早期的美國大型跨國公司比較少見。這個例子是，日本的跨國企業索尼（Sony）很早就跟一些擁有互補能力的小公司，結成了多個策略聯盟，協助 Sony 打入許多新市場。

企業領導者不僅需要考慮競爭和盈利能力，還需要考慮如何擁抱更加開放的業務環境。例如：消費品巨頭寶僑公司近年啓動了一項名

為「Connect & Developed」的計畫，計畫斥資約 20 億美元發崛一些
科學家或廠商，使該公司可以從外部供應商那裡獲得新技術。

　　因此，企業的領導者開始增加注重企業的開放性，吸引更多企業
外部的動態思想和人力資源。透過策略性的合作方式來應對非核心業
務，使企業可以在全球化過程中迅速把握機遇。這種基於合作夥伴
之間信任的策略，要求跨國企業的領導者必須將重點放在長期利益
上，而不是只看短期利益。

二、多國籍企業的成功策略

（一）雀巢的國際策略聯盟

　　當前的國際競爭危機，導致銷售的急劇下降、價格水準的要求提
高和各種稅收的增加。多國籍企業在消費品的領域，必須滿足消費者
不斷變化的需求以及對質量高標準的期待。因此，多國籍企業必須根
據創新和靈活性調整其戰略，對環境友好，並為其產品制定有競爭
力的價格。為實現這些目標，消費品的多國籍企業以併購和聯盟作為
策略，來提高他們的競爭力，拓展自己的市場規模及份額，擴大他們
的報價，提供各種新產品，增加產品的性能，降低原材料和勞動力
的成本和透過營銷活動塑造品牌（Scalera, 2011），雀巢（Nestle）
和聯合利華（Unilever Group）就是這樣的例子。他們致力於更好的
服務，更環保和創新的產品，以及創新的推廣，與其他消費品製造商
（Coke 等）進行一系列國際策略聯盟。市場環境也有利於他們遷往
成本更低、更有吸引力的亞洲和非洲等內陸市場。

　　當該行業最大的上市公司出售其同名品牌時，消費品市場顯然
正在經歷一場劇烈的變革。這些公司在策略上做重大的轉變，這正
是 2018 年發生的事情，當時雀巢將美國糖果業務出售給私人控股的

費列羅集團（Ferrero Group）。在 2017 年至 2018 年期間發生的眾多交易中，這樁交易或許是最值得關注的一樁，並不一定是因為它的規模（28 億美元的交易），而是因為它反映了一家大公司對不斷變化的消費者需求的反應方式。在放棄其歷史上的旗艦產品類別後，雀巢繼續調整其產品組合，以滿足人們對更健康飲食選擇日益增長的需求。

IDC（International Data Corporation）在製造業觀察（Manufacturing Insights）中指出，在 2016-2018 年的三年之中，不到 3% 的行業淨增長是來自傳統的大型企業——就像 CGT（Consume Goods Technology）在 2018 年「100 家消費品公司」榜單上的那些企業。儘管 2017 年有近四分之三的公司營收實現增長，但所有集團的總營收為 1.73 萬億美元，比 2003 年 CGT 首次編制該榜單時的總營收減少 1.5 億美元。

透過這些公司的觀察，其策略上對這些多國籍企業的績效很重要的影響是，2018 年的增長很大一部分不是來自母公司銷售的增長，而是來自於併購產生的效益——根據 Deloitte 的數據，在 2017 年的 17 宗大型併購交易額達到 953 億美元，而這僅僅是多數併購案的其中幾個個案。

在近年的電子網絡的行銷，有非常多的新興品牌在網絡上擊敗了傳統公司，嚴重改變傳統銷售的模式，這也使得這些大型的上市公司改變策略，促使這些傳統公司不僅是收購新興品牌，同時它們還繼續相互收購，以保持市場份額不被縮小，或專注於能更好地滿足當今消費者需求的不同類別產品。

（二）飛雅特集團

多國籍公司廣泛採用國際戰略聯盟，進入新市場的戰略和共同利

用技術、分享經驗的發展戰略。如飛雅特集團（Fiat Group）利用重組，成立了一系列的策略聯盟。在 2010 年 9 月，該集團分拆為兩家獨立的公司──飛雅特汽車（Fiat Auto，由 automobiles 組成）和飛雅特工業（Fiat Industrial，包括工業和船業部門的生產），各自專注於自己的策略業務部門。這為飛雅特集團帶來了靈活性和更好的業務管理。與克萊斯勒（Chrysler）結盟，則使其增強了銷售網絡。財務結果確實支持其所採取的策略，在 2009 年虧損 8.48 億歐元之後，接下來的利潤達到了 6 億歐元（Scalera, 2011）。

（三）彪馬

運動品牌彪馬（Puma）是一間德國體育用品企業，成立於 1948 年，創辦人魯道夫、達斯勒，至 2007 年，PUMA 全球有 9,000 多名員工，銷售超過 120 多個國家，營業額達 23.7 億歐元。

Puma 為經營亞洲市場，於 2006 年在香港與太古集團（Swire Pacific）共同成立了合資企業，由於太古集團長期在亞洲深耕，使其擁有寶貴的市場知識，這幫助了 Puma 品牌能快速進入亞洲市場。當 Puma 深耕中國消費者，並透過對成熟的新興市場增長潛力評估，後續在第二階段全面收購中國合資企業利賓公司（Liberty China Holding Ltd.），全面接管當地市場經營及管理，以期能把握未來的擴大機會，展現出 Puma 在亞太地區積極擴大的策略。

相似的策略事例，例如：美國巨頭波音公司（Boeing）為了分散巨大的失敗風險，被幾個歐洲公司收購，成立了一個空中巴士財團（Airbus consortium）合資企業。

（四）日本索尼

　　Sony 索尼公司於 1946 年由井深大與盛田昭夫在日本東京成立。它從最初的 20 名員工和 19 萬日圓的小資金，不斷發展成為一個領先的電子和娛樂產品製造商為客戶和專業市場。當其他公司專注於本土市場時，Sony 就意識到應該將全世界視為其市場，Sony 索尼從一開始就瞭解全球品牌價值的重要性，因此將其所有的商業活動不僅限於日本。這可從盛田昭夫 1958 年第一次去美國之後，公司的名稱從東京通信（Tokyo Tsushin Kogyo）工業公司改名為易於發音和識別的索尼，公司名稱的改變，體現了其創始人的全球思維。

　　1950 年代，索尼將公司擴展到了海外，這為探索電影、音樂、金融和其他領域的新潛力奠定了基礎。這使索尼領先於競爭對手。它的擴展是透過稱為「全球在地化」的策略進行的。此策略的目的是使索尼成為一家真正的全球化公司，由於消費者對索尼非常熟悉，以至於有些西方消費者從未意識到索尼是日本公司。

　　日本索尼（Sony）從原是一間以生產消費電子商品為主的公司，在 2000 年時，其全球行動電話市場上占有率不到百分之一，是微不足道的角色，而愛立信是一家瑞典的手機及通訊產品的知名專業公司，在 2001 年宣布創立了索尼愛立信（Sony Ericsson）合資企業。結合雙方兩者的技術及產品設計專長，同時，日本索尼也與一些實力互補的小公司結成了戰略聯盟，並成功結合了索尼集團的電子、娛樂事業資源，也由精緻路線轉為多樣化產品路線；使索尼愛立信的行動電話市占率由全球第六大市占率擴大至全球第三大品牌（Cullen & Parboteeah, 2010）。

　　現今，Sony 在 2019 年以 782 億美元的收入被《財富》500 強（the Fortune 500）排名第 116 位。索尼業務遍及日本，歐洲，美國和全球其他地區，其主要產品包括音頻、視頻、電視、資訊通信、半導體

和電子元器件。作爲半導體製造商，索尼是全球 20 強半導體銷售領導者之一。

（五）寶僑公司

寶僑公司（Procter & Gamble, P&G）近年來加入 120 多個戰略聯盟（管理戰略，2010），大幅精簡了其產品組合（business focus）。在剝離旗下的「美容品牌」下，實際上大大提升了科蒂公司（Coty, Inc.）的年度銷售排名。它將剩下的 65 品牌（65-odd brands），以 10 個品類（10 category-based）爲基礎的業務中引領著市場，即從 2017 財年到 2021 財年節省 100 億美元。

其最大的節省將來自於：(1) 商品銷售成本。由於寶僑公司完全同步其供應網絡和補給系統，透過原材料和包裝材料、製造、運輸、倉儲等方面的機會，即可減省成本。(2) 在營銷支出方面，它計畫降低媒體費用的浪費，降低代理／廣告成本，提高零售店面內展示和直接面向消費者項目的效率。(3) 另一個是在其巨大資金的利用上，僅僅 10% 的效率提高就會帶來有意義的節省（透過改進執行和優化投資）。(4) 將集中增加端點到端點的業務責任，以控制間接開支。

在面對電子網絡競爭白熱化的時代，寶僑公司另一個重大舉措施就是在 2017 年任命可口可樂資深主管士哈維爾・波利特（Javier Polit）擔任集團資訊長（CIO）。他在行動商務、客戶分析、物聯網和數字化等技術做出了重大的改進。

（六）矽谷集群公司

除了國際策略聯盟外，越來越多的跨國經營選擇了多元化的國際

合作夥伴關係。策略合作網絡是在公司與公司之間距離很小的情況下所形成的，例如：矽谷的集群公司。利用一個公司作為網絡的中心，讓參與者能更好地瞭解情況，變得更有創意。

當惠普公司（Hewlett Packard, HP）收購康柏（Compaq）後，惠普的個人電腦（PC）市場份額占有率增加了 25%，而其競爭對手 IBM 也將其個人電腦部門售予聯想（Lenovo），而獲得了類似的回報。在 1992 年時，美國吉列公司（Gillette）從中國收購了世界上最大的印度著名刮鬍刀生產商，並在俄羅斯投資了一家新工廠，極大化地擴大了吉列的銷售。然而，吉列公司仍繼續努力創新產品，雖然刮鬍刀的相關產品受到很多的異類競爭，吉列公司透過結合這兩種策略，使它仍獲得高於平均水準的利潤（管理戰略，2010）。

（七）巴黎萊雅公司

在美妝保養品產業，巴黎萊雅（L'Oréal）的策略是針對不同類型的客戶與消費者，利用其所擁有的國際品牌進行多元化投資。例如：1996 年巴黎萊雅集團（L'Oréal）收購媚比琳。該舉動宣告了科技創新將與彩妝權威更完美的融合在一起。但其策略將媚比琳邁阿密（Maybelline Miami Chill）、媚比琳紐約（Maybelline New York）或巴黎萊雅（L'Oréal Paris）等幾個品牌都保留了自己所在母國產品特有風格，並依然嚴格維持其高品質的標準，將其作為保持全球品牌的身分策略。從媚比琳品牌收購之初到 2003 年，巴黎萊雅的銷售額翻了一倍，在美國的知名度也有所提高，這是選擇的戰略應對已經形成之其他戰略聯盟競爭的一種方法。

而可口可樂卻是使用另一種策略，利用一個全球性的同質產品，與全球唯一的身分（Haig, 2009）。

跨國經營所採取的策略是極其複雜、多樣化和不斷變化的。例

如：梅賽德斯－賓士（Mercedes-Benz）採取了與雀巢完全相反的策略，不同於生產芭比娃娃的美泰兒公司（Mattel）。梅賽德斯－賓士是最初將汽車生產集中在德國，後續將某些車型的生產擴展到其他國家，然後出口最終產品。而雀巢歲然是瑞士的主要公司，但其工廠在瑞士的勞動力、生產和銷售只占不到 3%。2002 年，現今雀巢在 58 個國家擁有 508 家工廠。美泰兒與這些策略不同，它運用供應鏈，使用來自中東的石油，在臺灣的煉油廠所提煉而成的塑料原料顆粒，再由中國工人利用美國或日本製造的設備熔煉成型，加上日本製造的尼龍頭髮和中國製造的其他組件，在多個國家地區組裝芭比娃娃的零組件。（Cullen & Parboteeah, 2010）。

　　這個過程，不僅要考慮到最低成本，而且效率也很重要。儘管在中國生產比較便宜，例如：一雙鞋在中國的生產成本為 1.3 美元，而在美國生產一雙鞋的成本卻需要 4 美元，但美國體育用品公司紐巴倫（New Balance）的經營主管卻決定不將生產外部化，而是投資於勞動力培訓。因此，該公司生產效率更高，每雙鞋花 24 分鐘，而在中國每雙鞋需要 3 小時。

　　另一種為客戶獲得競爭價值增加的方法，是將產品重新配置和價值鏈活動的重新組合產生多樣化。例如：麥當勞推出了漢堡以外的菜單，並將宅配的配送鏈擴展到不同的地點，另外，如沃爾瑪公司，強化其內部的供應鏈，將店內的商品有效地鋪貨，滿足客戶到店購物的需求，也降低店內的物流與存貨成本。亞馬遜網站不僅透過書籍專賣行為，還透過其網站將電腦資訊產業商業化，成為電子商務的龍頭。由於通用電氣收購了許多不同行業的公司，實現了廣泛的多元化。當公司整體業績急劇下降，失去市場份額時，通用電氣仍能在某些行業的公司穩定獲利，並逐步成為 124 歲的新創公司。

　　在多國籍企業的經營過程中，重組策略被證明是有效的經營策略之一，例如：福特在 2002 年全球所屬公司內解僱了 35,000 名員工，

關閉了 5 家工廠，剩下的工廠減產 16%，在接下來的幾年裡，福特增加 90 億美元的利潤。

作爲一種提高策略競爭力的方法，標竿管理（benchmarking）在多國籍企業中被普遍運用。它包括比較競爭對手所提供的每個流程、服務或產品所使用的最佳做法，並採用適當的改善，以獲得相當或相同的效益。當蘭克全錄（Rank Xerox）公司不再壟斷複印業務，面對激烈的競爭，蘭克全錄管理層在 1965 年和 1975 年決定對每個生產階段和提供的服務都採用標竿管理。每當他們在競爭對手那裡遇到更好的問題時，他們就把競爭對手的優勢或強項作爲自己的運營績效目標。透過這個手段，使該公司改善了他們的財務狀況，每年的利潤增長約 20%，消費者滿意度也提高了 40%（管理戰略，2010）。

【附註】

1. Zhu, Y., Lynch, R., Jin, Z. (2011). "Playing the game of catching-up: global strategy building in a Chinese company". *Asia Pac. Bus. Rev.* 17(4).
2. CGT (Consume Goods Technology) (2018). "TOP 100 report".
3. Corina Dumitrescu; Francesco Scalera (2012). *International Journal of Business and Commerce.*
4. Stephen Tallman; George S. Yip (2009). "Strategy and the Multinational Enterprise"; *The Oxford Handbook of International Business (2 ed.).*
5. IDC (International Data Corporation). "Manufacturing Insights 2016-2018 report".

日本多國籍企業經營策略

一、日本企業從國際發展的劣勢轉為優勢

雖然日本經歷著經濟泡沫及許多災後的重建，但其多國籍企業（MNE）在國際競爭中仍然非常成功。許多學者對此一成功提出了許多解釋。這些解釋包括儒家的職業道德和民族文化（吉野，1968）、企業與政府的合作（Japan, Inc.）、不公平的貿易慣例（Prestowitz, 1988）、管理文化（Ouchi 理論 Z，1981；Pas-Cale & Athos, 1981）、競爭性奉獻（Abegglen & Stalk, 1985）、長期定位和對營利能力的關注程度較低（Clark, 1979:221; Kagono 等 , 1984; Kono, 1984; Picken, 1987），以及公司間聯繫（keiretsus）。毫無疑問的，對於所有這些多因果現象解釋都具有一定的道理。但許多原因在於其他國家的跨國經營卻無法輕易複製，因為它們植根於日本的文化和習俗。

日本企業對全球戰略的運用，絕不是其在國際經營成功的唯一解釋。但從全球戰略的角度來看，日本所創造的實力在許多解釋上，確實提供了一個整合的主題。此外，此一觀點還揭示了一些日本人的普遍特徵被轉化為全球競爭優勢的特殊機制。

此外，有人認為，日本公司目前國際競爭力的下降，部分原因在於日本偏離了早先致力於全球一體化戰略的方向，以及其他國家的跨國經營在利用全球戰略方面正在迎頭趕上。但在過去泡沫破裂後的重建過程中，日本企業正在回歸到曾經幫助它們取得巨大成功的策略。

日本任何一家企業有了重大發明、重大成果、重大創新，在文化上因為沒有人會特別表彰，也沒有一個政府機構會為其個別企業做政策上的重用，所以大多不會刻意的公開公告。特別是日本企業一旦做了宣告，最終沒有做到完美，那就會成為笑柄，有損企業聲譽。在這樣的文化環境之下，導致了日本企業只是兢兢業業、老老實實地做好本業，不盲目地擴大投資，造就了日本百年以上的企業擁有約 3.5 萬

家（日本擁有超過百年歷史的長壽企業有 25,321 家、200 年歷史的企業 3,937 家、300 年歷史的企業 1,938 家、500 年歷史的企業 147 家、超過 1,000 年歷史的企業 21 家（日本經濟大學教授後藤俊夫，2016）。

二、全球策略的各個階段（Stages of A Total Global Strategy）

全球一體化策略與國際策略並不是同步的，而是由「全球總體策略」的三個階段——核心策略的制定、策略的國際化和策略的全球化——所構成（Yip, 1992）。某些日本的多國籍企業快速完成了所有三個階段，另外也有些企業能同時實施三個階段，而他們的西方競爭對手卻常常在前兩個階段逗留得太久。

美國和歐洲多國籍企業的典型國際擴張模式是，首先，為其本土市場制定一個成功的核心策略，這種初始策略也有可能在多個「本土」基地發展（Krugman & D'cruz, 1993）。接下來，公司在進入不同的國外市場時，為使之國際化，通常會調整核心策略。在向世界其他地區擴張時，即便是在一些基地的國家所制定的核心策略，也需要進行調整。這種方法遵循了國際業務中所公認的「適應當地市場的準則」。但西方企業跨國經營日益發現這種方式的一個缺陷：國際化進程逐漸向多個方向拉動核心策略，直到企業最終形成分散的各個地方策略，因而無法實現任何全球規模或協同效益。在許多海外市場中形成的核心策略，更容易受到這種分散的影響。

隨著貿易壁壘的減少，以及許多行業客戶需求和品味的全球趨同，此一問題變得越來越嚴重，飛利浦公司就是制定了最分散的國際策略的多國籍企業之一。例如：飛利浦在上世紀 70 年代初發現，在電視接收器業務方面，自己在世界各地擁有數十家工廠，其中一些彼

此相距很近,卻生產了數十種適合當地市場的產品另類型式。但隨後的日本競爭對手在享有高度規模經濟的工廠,集中生產高質量的全球標準化產品。不出所料,日本挑戰者能夠在一個又一個國家擊敗飛利浦公司(Aguilar & Yoshino, 1987)。

這種模式在其他產品類別中也重複出現。因此,飛利浦公司在過去十年中,一直不遺餘力地在總體策略的第三階段(即策略全球化)實現全球整合,並為此付出了巨大的代價。在飛利浦過於本地化的同時,許多其他西方多國籍企業卻過於依賴國內核心模式,未能充分適應當地市場,這是美國公司過於專注自己本國龐大市場的典型失敗。即使是像寶僑(P&G)這樣的大型快銷品製造商,由於缺乏適應性,在 80 年代嘗試打入國外市場時,也常常造成失誤(如 P&G 在日本洗衣粉「全溫度 Cheer」的慘敗),就是因沒有考慮日本消費者洗衣習慣,太堅持在美國成功模式。

相較之下,日本企業通常更多地利用全球化策略的第三階段。這種更大的利用,源於日本企業進入國際市場相對較晚。首先,大多數日本公司在國際化階段,由於國際競爭及內部資源有限的情況下,沒有足夠的時間於各國逐步建立業務。第二,日本企業的國際擴張是發生在國際間的壁壘和分歧降低、國家間溝通交流加快的時期。因此,出於需要和環境的原因,日本公司在全球擴張的第二階段,即跨國化階段,往往花費較少的時間和精力,而在第三階段,即全球化階段,則花費較多的時間和精力。作為國際競爭的後來者,日本企業必須集中精力,把事情做好。所以日本多國籍企業將其資源匱乏和空間有限的劣勢,轉化為創造高效、節省空間的產品(從汽車到消費性電子產品),而成為其優勢。這個轉化的過程,使日本公司將其國際後發劣勢轉化為優勢。

三、全球策略的企業驅動力（Industry Drivers of Global Strategy）

　　全球策略是用全球化力量迫使各國間盡量減少策略活動障礙的產業中產生競爭優勢（Porter, 1986）。產業全球化的驅動力有四類：市場、成本、政府和競爭力，這些條件決定了產業與全球策略競爭的潛力和需求（Yip, Loewe, & Yoshino, 1988）。日本企業的成功往往來自那些極具全球策略潛力的行業；以及其他有利於日本國力的特點，尤其是技術工人密集的行業。例如：汽車、計算機和辦公設備、消費電子產品以及鋼鐵行業，具有許多有利於全球整合的特徵：共同的客戶需求、低文化嵌入性、全球客戶、規模經濟高、運輸成本低、產品開發成本高。

　　相比之下，日本公司在一些產業中並沒有在國際上取得成功，例如：家用清潔劑、個人護理產品與食品生產的大量消費品領域，因為這些產業的消費者對產品和營銷策略的本地化感受與需求非常強烈，對於一個日本多國籍企業成功的產業來說，必要的全球策略潛力是還不足的。特別是海外子公司大量密集使用熟練的勞動力和複雜的製造工藝過程，也需要能與日本母公司的優勢相匹配對應。在海外國家缺乏這些要求的情況下，日本人還需要克服他們在其他具有高度全球策略潛力產業中後發的劣勢。

　　在日本的化工和製藥產業，他們都有許多有利條件來支持全球策略；包括常見的客戶需求和高規模經濟生產的化學品和藥品研發，但他們也給後來者（化學品的就地生產能力和製藥行業的專利保護）構成重大障礙。事實上，在藥品產業中，西方公司在日本國內市場占有 25% 的份額，如果算上許可產品，則占有 45%，相對於日本公司在該產業的海外市場所占的份額，仍然微不足道，但是消費者對日本產品的信心很高，所以仍能使日本產品在國際間熱銷。

　　而且，日本和美國公司面臨的全球化驅動因素，常常會有非常不同的模式。這在政府驅動因素而言，是最容易看到的。日本政府協助本國企業，努力推動國際市場開拓，而美國因為企業自由競爭的精神，政府並未介入太多的支援。在貿易壁壘方面，日本和美國公司來自不同的母國，在歐盟等主要市場領域，因不同的國別，也面臨著不同的貿易壁壘。成本驅動因素也可能在感知上有所不同，因為母國的成本會有所不同，在全球化的各地市場策略，也就有所不同。市場驅動因素可能沒有那麼大的不同，但從日本觀點而不是從美國看世界，可能會改變主觀現實。

　　特別是在全球範圍內，美國文化較日本文化在許多方面來說，傳播相對較廣泛，這可能使消費者的認同與口味，比美國人眼中的美國人更具同質性。同樣地，對於全球營銷的可傳遞性和可行性（例如：全球品牌名稱和全球廣告）看法也是如此。競爭驅動因素似乎看起來有所不同，因為日本公司更加關注其國內的消費者。日本公司經常有一種行為，就是根據日本競爭對手制定戰略的趨勢（Philip Kotler, Liam Fahey, Somkid Jatusripitak, The New Competition, 1985），這並不是直接模仿，而是密切關注競爭對手所採用的策略，並制定部分取決於競爭對手實際和預期的行動策略。例如：Sony 和 Panasonic 的競爭及日本的四大汽車製造商也是如此。相比之下，美國公司更傾向於將自己與競爭對手區分開來，爭取競爭優勢，使自己在產業內能成為客戶眼中獨一無二（Pankaj Ghemawat, 2008）。

四、日本企業的全球化策略（Japanese Companies Use of Globalized Strategy）

　　全球化策略涉及五個主要策略的使用：全球市場參與、全球產品和服務、全球活動地點、全球營銷和全球競爭舉措，以及組織適當的

支持性和管理方法。使用全球策略可以實現四大類潛在的全球化效益：降低成本、提高產品和製程工藝的品質、增強客戶的影響力和增加競爭優勢（Yip, 1989）。日本企業運用全球策略所獲得利益，如下說明。

五、日本企業從全球策略中受益

（一）全球市場參與

日本對海外投資（FDI）是更廣泛的全球市場的參與，是經濟力量與政治力量之間複雜互動的結果，日本在海外市場直接投資的主要重點是在北美、東亞和東南亞。最早，日本透過製造業在亞洲鄰國參與，再逐步移轉到北美市場。但在這兩個市場的組織結構與策略是有很大的不同，例如：在東南亞與東亞市場策略是利用在地勞力而發展起來，但在北美市場是由日本工廠直接面對市場，主要原因是為了對應貿易而建立。

日本多國籍企業在與強大的競爭對手競爭之前，會透過所獲得經驗，仔細的計畫市場進入順序，提高成功率。

專注於全球策略市場，提高全球競爭優勢。日本本國市場會使用貿易壁壘的手段，提高外國競爭對手進入日本市場的困難度，使外國企業無法獲得同等的待遇或利益。

（二）全球產品

專注於少量全球產品，提供規模經濟的開發和製造，並增加這些產品的各類投資，以擴大全球銷售量。

全球產品提供了避免與西方競爭對手匹敵的擴散方法。

全球經濟活動在國內和衛星國家會有所不同，例如：製造業透過

集中生產，避免重複和最大限度地擴大規模經濟降低了成本，並且會特別考慮消費者對產品功能的需求和使用便利性。

在當地建立強大的下游活動，例如：分銷、銷售和服務，從而增強了在當地國內市場的競爭力。

（三）全球行銷

日本的產品策略包含了其社會文化基礎，日本公司在開發產品時，會對產品功能及外觀做整體考量，此外，他們還會關心消費者的購買意願，以及產品會如何影響他們個人及團體的感受。最後，日本公司希望消費者能對他們的產品感到安心，並對在需要售後服務時，能減少不確定感。瞭解這些策略的社會文化基礎，才能理解日本多國籍企業在全球行銷與競爭的略策，只有用最高標準才能發現其產品與服務為何會讓消費者喜愛和使用。

專注於全球統一的企業品牌，建立全球客戶的知名度，為推出多種產品提供保護傘。銷售和分銷工作的本地化，減少距離和不熟悉的缺點。

（四）全球競爭方式

日本多國籍企業市場驅動的競爭優勢（出口，產品零缺陷，降低成本、時間的競爭）。其競爭策略是基於對最大市場的持續出口，聚焦於產品的基本特徵，以非常高的品質標準製造，旨在降低生產成本，擴大競爭至上的視野。

全球性而非國家性的博弈方式，在進攻和防禦方面，提供了更多選擇。各國子公司企業之間交叉補貼的意願，增強了競爭力槓桿。預先的海外國家行動計畫，將競爭阻力最小化。

最近許多日本公司越來越採用非本地資源（Kotabe, 1996; Swamidass, Kotabe, 1993）許多市場行銷只專注品牌資產與研發能力，將其餘產品外包生產，放棄傳統多國籍公司的垂直整合（Kotabe, 1989），並建立快速反應的物流服務，以滿足全球網絡所需的生產和銷售。

（五）全球市場參與

許多多國籍企業在選擇投資的參與策略中，是根據收入和利潤方面的個別潛力來選擇海外國家。但是在全球市場參與策略中，有時候必須要根據對全球化利益的潛在貢獻來選擇國家。這意味著進入一個本身沒有吸引力、但具有全球策略意義的市場，例如：某個全球競爭對手的國內市場，施壓競爭對手母國市場，降低競爭對手在海外的投入。這個策略意味著將資源集中在有限數量的關鍵市場上，而不是在更廣泛的覆蓋範圍內建立份額。大前研一（Ohmae）提出的美國—歐洲—日本「三位一體」概念中，提倡在主要市場上占有較大份額的模式。相反地，在其他許多地方策略，從追求地方優勢中，產生不需要特殊的參與模式。同樣的考慮因素也適用於確定參與程度，主要是目標市場份額，以及確定參與的性質，如建造工廠、成立合資企業等。一般而言，經營者經常出於多種動機做出市場選擇決策，關鍵是要認識到兩種動機及其潛在後果有所不同。

1. 海外市場的重要性

企業要參與全球市場，就必須占有相當的全球市場份額，在業務經營的地理分布和市場分布之間取得合理的平衡，並在具有全球策略意義的國家市場中占有一席之地。為了國際化而進行的市場參與，和為了全球化而進行的市場參與之間，最重要的區別是全球策略於各海

外國家的作用。這些海外國家的重要性超出了它們本身的吸引力，一個國家可以透過以下幾種方式，成爲具有全球戰略意義的市場：(1)巨大的收入或利潤來源；(2)全球客戶的國內市場；(3)全球競爭對手的國內市場；(4)重要的全球競爭對手市場；(5)行業創新的主要來源。

荷蘭 Heineken 公司啤酒的國際化歷史，提供了一個基於獨立吸引力而做出選擇的經典例子。Heineken 公司的國際市場開拓歷程是埃及、錫蘭、新加坡、印尼、西印度群島和剛果。相對於幾個主要市場，這些國家都不是已開發的國家，Heineken 公司之所以選擇前五個國家，是因爲它們的共同點是前荷蘭殖民地，或是前往它們的航運路線。這些因素使 Heineken 公司對這些市場消費者非常有吸引力，名單上的最後一個國家是剛果，這是因爲一家比利時釀酒商在剛果有業務，後來被出售給一家比利時銀行，該銀行要求 Heineken 公司來經營該公司。

這個個案是基於各個國家的獨立吸引力和偶然性，而進行的一項決定。作爲全球第三大的釀酒商，營業額最高的啤酒公司（以國際收入計），Heineken 公司在 2008 年起，就積極透過合併取得歐洲、美洲及亞洲的市場份額。這類例子都有發生在許多跨國經營。

日本企業進入外國市場因爲相對較晚，這促使它們放棄一些與戰略無關的國家，專注於具有重要戰略意義的國家，除非這些國家是它們計畫中一系列行動的墊腳石。

2. 日本公司的擴張路徑

日本公司擴張路徑與 Heineken 公司的經驗形成鮮明對比的是，日本公司的國際化爲市場選擇提供了許多全球策略方法的例子。日本的多國籍企業利用全球市場參與，根據全球策略重要性和個別的吸引力，作爲市場進入的選擇，並做相對應的投資。基本上有三種典型的擴張策略，每個策略都有清晰的全球計畫。最常見的是從日本轉移

到開發中國家，再轉移到已開發的國家。主要的產業發生在鋼鐵、汽車、石油化工、消費電子家用商品。在這策略上，日本公司在規模較小、更容易的在發展中國家累積了經驗和能力。從過去的發展軌跡中，也可以看出美國是第一個被滲透的已開發國家，因為它的市場規模大，與日本的關係相對友好，以及關稅、文化和語言障礙的水準低於歐洲，而且有大量的美裔日僑。

　　第二個擴張策略是直接進入先進國家，特別是一些高科技的先進國家（如電腦和半導體等高科技產業）。在這種擴張模式下，日本的多國籍企業可利用類似美國的市場作為試驗銷售市場。例如：富士通（Fujitsu）在電腦領域就是這樣利用澳洲的。

　　第三個擴張策略是直接從已開發國家開始的策略，這類情況是發生在日本國內市場還不發達或規模過小的產品上，如早年的錄影機、縫紉機，到近年的 LED 電視機、智慧手機等。

　　以上幾家日本多國籍企業的案例，可參考其擴張的策略與發展路徑：

(1) NEC 公司

　　將日本產業界做轉型（2011）：日本 NEC 公司（日本電氣公司）在 1980 年代開發了電子打字機這項技術，NEC 也是日本第一臺電腦的生產廠商、製造第一顆人造衛星的公司。當 2011 年電腦市場還在火熱的時候，NEC 公司決定將電腦事業賣給中國的聯想集團，但八年過後，電腦產業已經變成夕陽產業。而 NEC 在當時把電腦廠賣了一個好價錢。NEC 公司早就認知到：傳統的電腦產業最終是要被淘汰的！現在看來，聯想買了 NEC 電腦產業後，現在業績變得越來越困難。這是 NEC 公司興起產業的轉型革命。NEC 公司拋棄了電腦產業以後，並沒有放棄自己的半導體技術本業，而是繼續研發尖端的半導體技術。現在日本大部分的全自動駕駛汽車的系統就是 NEC 公司

開發的。這就是日本企業的自我革命，自我創新。

(2) 索尼（Sony）公司

索尼（Sony）拋棄電腦事業以後，電視機業務也大幅下降，其他所屬的產業也差不多，但索尼公司在 2018 年創下的利潤，已經達到二十年來的最高水準。這是因為自從索尼公司把電腦產業賣掉後，開始轉型生產關鍵零部件，例如：Sony 的傳感器（Sensor）已經占全球份額的 70%。

(3) 富士軟片

日本轉型最成功的一家企業是富士軟片（Fuji Film）。本世紀初，照片只有兩種軟片：柯達（Kodak）和富士。如今，柯達已經從市場上消失，而富士軟片還活著。很多人認為柯達衰退的原因是手機及數位相機的普遍，但同樣生產軟片的富士仍然存在，其主要的原因是它把做膠片的技術提煉出來用於生產化妝品，並衍生到新藥研發。這使得富士軟片從面臨淘汰的傳統企業，成功轉型為高科技企業。

六、日本企業的全球競爭產品

日本自二戰以來就非常重視「基礎研究」，但很多國家卻比較重視「應用研究」（如中國、臺灣等開發中的國家）。日本人覺得技術應用雖然有其必要，但「基礎研究」更為重要。因此，日本科研經費的 55% 用於基礎研究。正因為有紮實的基礎研究，從 1901 年到 2019 年的諾貝爾獎頒發歷史中，日本是歐美之外獲獎最多的國家，共有 28 人，包括物理學獎 11 人、化學獎 8 人、生理學或醫學獎 5 人、文學獎 3 人、和平獎 1 人。21 世紀後，日本人的獲獎次數僅次於美國，居世界第二。這些成就導入日本的多國籍企業，例如：豐田

汽車的氫能源技術從 1992 年開始研究，到 2014 年花了二十多年才開始應用，不只運用在未來汽車上，更要導入家庭生活能源上，日本的文化讓多國籍企業有耐心和投入資源，並在研發成功之後，願意向全世界公開技術，免費提供利用，做到人道主義競爭精神。

日本現在很重視尖端醫學的研究，例如：本庶佑教授（Honjo Tasuku，1942 年 1 月 27 日－　；2018 年獲諾貝爾獎）長時間研究如何徹底克服癌症，他發現癌細胞裏了一層蛋白質，於是他與醫藥公司合作發明一種藥，可以打破這個蛋白質，使健康細胞可以對癌細胞發動進攻，最終把癌細胞消滅掉。本庶佑教授將自己的專利所得和諾貝爾獎獎金湊了 1,000 億日圓，設立一個醫學研究基金，最終要攻克癌細胞。這款新藥自上市後，日本已有 2 萬多位病人使用，有效率可達到 30%。

日本多國籍企業的縱橫競合的策略，也使日本再海外事業的拓展上，產生很大的效果；例如：美國的波音 787 客機，雖然是在美國生產組裝，但它其實是日本準國產飛機，因為這架飛機大部分的關鍵零組件，幾乎全是日本所提供。

首先，為了提升飛行效率，這架飛機的機體不是用鋁合金所打造的，而是用日本東麗公司（東レ株式會社，Toray Industries, Inc.）研發的碳纖維材料，再交由三菱重工（三菱重工業株式會社，Mitsubishi Heavy Industries, Ltd., 簡稱 MHI）負責打造機體。波音 787 客機弧形的鯊魚翅膀，由於鋁合金是做不出弧形的，只有碳纖維能做出弧形。除此之外，它的重量比鋁合金減少 30%，這使得波音 787 可以多飛 30% 的航程。而且，採用碳纖維還可以使室內溫度比鋁合金機體的室內溫度降低 6 度左右，這些設計使波音 787 客機比其他機種更經濟、更省油。

其次，它的機頭是富士重工（富士重工業株式會社，Fuji Heavy Industries Ltd.，簡稱 FHI）所製造，而最重要的電子系統則是松下電

器提供的。這些都是日本航空工業所合作完成的。而這種競合的文化策略（Co-Opetition: Adam M. Brandenburger & Barry J. Nalebuff），是其他歐美多國籍企業較少看見的。

七、日本多國籍企業的全球競爭的投資觀念

在日本企業有句經營行話叫「安全駕駛」，它代表著企業必須要有大量自有資金的累積，才能在企業面臨風浪時，不論是金融危機、泡沫經濟崩潰，都可以持續支撐數年而不發生經營危機。接著可以充分利用時間和財力，逐步進行轉型，提升自己的產業。

日本銀行協會曾調查本國企業對銀行貸款的需求性，其中70%的日本企業表示不需特別貸款。縱然日本的商業貸款的利率是1.5%，在這麼低的利率下，日本企業仍不刻意擴大金融需求，這說明日本企業本身有足夠的資金外，還代表著對投資的謹慎。這也可以從安倍首相上臺後，東京股市從2012年的8,000點，上升到22,000點可看出泡沫經濟之後，日本企業這幾年不是往下走，而是一路默默地往前走。

八、銜接到日本成功的文化解釋

日本在國際商業中取得許多方面的獨特成功，特別是日本傳統文化的潛藏力量，日本跨國大企業將這些方面的成功，與日本公司全球策略的制定和實施的能力連結起來。大致而言，日本文化成功因素和日本使用全球策略之間的一些關鍵結合原因，可分類如下。

（一）集中管理的文化

許多文獻都有提到，日本大型多國籍企業對其國際業務保持高度

集中控制，這種中央控制取得了許多很好的成效，但是，近年來，西方管理理論越來越強調地主國分公司自主管理，逐漸淡化中央集權化的概念，這與西方管理理論形成了一個悖論。事實上，考慮到日本人對個人自我的文化偏好度較低，使日本企業採用這種集中化，可以部分地解決各海外分公司的矛盾，帶來全球一體化策略的好處，將遠遠抵消集中化的不利之處。

（二）團隊合作的管理文化

基於日本教育及民族性的傳承，日本企業對各海外國家管理者間的合作精神有絕對的要求，這也是其全球戰略成功實施的必要條件。這種集團導向的日本管理文化，避免因個人的喜好及判斷偏差，幫助日本多國籍企業經營實現了必要的全球合作，降低了各地之間可能的衝突，及有效的集中資源運用。

（三）關注競爭對手

20 世紀 80 年代初，美國舊金山大學的管理學教授韋里克提出 SWOT 分析法，經常被用於企業策略制定、競爭對手分析等場合。在設定及執行全球策略時，各多國籍企業必須要清楚地瞭解每個主要競爭對手的全球優勢和劣勢，以及收集和處理競爭情報的能力。

日本人在制訂其全球策略時，充分引用 SWOT 的分析原理，對其競爭對手的無情及全面性的關注，幫助他們開發一系列成功的全球競爭策略，能夠精準的對其競爭者實施有效的攻略行動。

（四）國內市場的保護貿易行為

全球策略的全球市場參與，要求企業建立比競爭對手更強大的市

場參與模式。日本在許多行業（如消費品、汽車和電子產品），成功地「屏蔽」了本國市場，極大地限制了外國公司在建立全球策略市場時，無法順利或公平切入日本這一個重要的市場，導致外國企業沒有辦法透過參與而瞭解日本市場，進而公平、有效的設定其全球策略。

（五）對利潤要求較少列為關注點

當企業在進行全球策略時，必須要有一系列複雜的投資和行銷活動，這往往會嚴重影響企業在短期或長期的獲利狀況。但日本多國籍企業在開發全球市場時，比較少擔憂短期營利能力的問題，為求得其所選擇策略市場的氛圍，日本公司在設定產品定價時，通常會比美國公司的平均利潤率要低得多，其講求的是長期開發及市占率，特別是在董事會或一般公開發行市場上，對此策略的認同度也有很高的共識，這對日本多國籍企業在全球策略的國際市場滲透上，有很大的幫助。

（六）日本企業以擴大市場為目標

1. 日本企業民族文化尚存有「武士精神」：「忠」，對主人、公司、同學「盡忠」。「誠」，對朋友、合夥者、消費者守「誠信」。「忍」，忍失敗的痛苦，從中研究對方的優勢和劣勢，「消化」對方的「優勢」，改良其「劣勢」，創造新產品比對方產品更優勢，進入對方的國際市場獲得更強的競爭優勢。

2. 不景氣的市場競爭策略：美國企業對沒有利潤的市場會「放棄」，日本企業對沒有利潤的市場會「珍惜」。假使不景氣市場只剩50%，美國企業會裁員50%節省人力費用，撤退部分市場，日本企業不會裁員，保留熟練勞力之策略（除非有重大失誤者），會

以減半薪輪流上班，保持以高品質、更低價格深入擴大不景氣市場。景氣回升時，美國企業招聘 50% 新員工，重新訓練，因此缺少高品質產品競爭力，而將失去 50% 的市場。而日本在不景氣時會占有另 50% 的市場，景氣復甦時，則以高品質、低價格占有 100% 市場競爭力。

3. 日本汽車省油策略：日本汽車以高品質和省油爲競爭策略，美國則是以豪華大型汽車而耗油的競爭策略。加上車庫問題，日本汽車二十多年來銷量仍然高於美國汽車。

4. 考慮消費者使用上極方便的產品生產策略：同樣產品，美國企業只考慮品質，而日本企業是品質之外，更考慮使用者極方便的產品。

5. 生產過程即考慮消費者更理想的產品改進策略。

6. 日本供需廠商爲消費者幸福的行銷策略：供需廠商互相感恩、感謝爲消費者需求提高合作成果，不分景氣和不景氣。

【附註】

1. George S Yip (1996). "Global strategy as a Factor in Japanese Success"; *Thunderbird International Business*. Revlew.

2. 王德培（2019），〈眞實的日本〉，《第一財經》。

3. Naoyuki Iwatani, Gordon Orr, and Brian Salsberg (2011). "Japan's globalization imperative"; *McKinsey Quarterly*.

4. Austin Uzama (2009). "A Critical Review of Market Entry Selection and Expansion Into Japan's Market"; *Journal of Global Marketing*.

5. Johny K. Johansson and George S. Yip (1994). "Exploiting Globalization Potential: U.S. and Japanese Strategies"; *Strategic Management Journal*.

6. Sea Jin Chang (2017). "International Expansion Strategy of Japanese Firms: Capability Building through Sequential Entry"; *Academy of Management Journal*.

美、日多國籍企業異文化管理策略

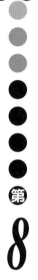

多國籍企業之發展與跨國異文化管理（林彩梅，2017），即是在地主國之「管理文化」，從全世界多國籍企業發展之研究發現，企業國際化發展可使中小型企業成長為大企業，亦可促進母國與地主國經濟加速發展，世界經濟也受世界 MNE 發展程度之影響。MNE 雖有如此重要貢獻，也因跨國文化之差異，在子公司之異文化管理，常遭遇地主國國民利益、國家主義等諸多問題之爭論，不只阻礙 MNE 之發展，也阻礙母國與地主國之經濟發展。

一、國家民族文化之差異

每個國家民族文化上的差異，會表現在企業文化、領導風格上，進而影響團隊隊績效。文化差異是由不同國家經過長期以來以不同之社會化過程而產生差異。國家文化指的是一個國家之內的人民所共同具有的心智型態，因而可以與其他國家人民加以區別，但是國家文化無法直接加以觀察，必須從國家人民之言語與行為特質加以觀察。國家文化會影響一國人民之價值觀，人民之價值觀進而影響其對於事務之態度，而態度進而會影響外在表現之行為，而人民之行為最後會持續影響一國國家文化之塑造。

依據荷蘭學者 Geert Hofstede（1993）所提出的國家民族文化之研究，將國家民族文化分為五大構面如下：

（一）權力距離（Power Distance）

權力是指決定別人行為的能力。權力距離則是指權力不平等的程度。任何一個組織之內，權力的不平等都是必要的，否則組織將無法運作。權力的不平等通常表現在上司、屬下之間的階級關係。當上司與屬下同時都認可接受某個程度的不平等關係時，必然代表著這個組

織的某種價值及信仰。

權力差距是指一個文化中，對於權力分配不公平現象，其尊重與接受之程度。而在組織內部或組織之間，權力集中與武斷領導的程度會反應出其權力距離之水準。在一個高度權力距離的社會中，人們較能接受組織或團體中權力有顯著差距的事實，頭銜、階級和地位在社會背景下能顯現出較重要的意義。高權力距離的國家，通常權力集中於少數人的身上，而它們的員工會對那些擁有職權的主管，表現出極大的敬畏之意；相反的，在一些低權力距離指數的國家，社會則盡可能地將組織內權力不平等的現象予以淡化，因此即使主管們再有職權，員工也不會因畏懼而表現出特別的敬意，權力距離高低之特性比較在權力距離高的國家中，屬下對上司顯現出較高的服從性；服從威權的態度，屬於一種社會共通的價值；不論是教育程度的高低，都呈現出類似的態度。反之，在權力距離低的國家中，屬下對上司顯現出較高的獨立性；服從威權的態度，屬於個人的性格，非社會的價值；教育程度偏低的人，服從威權的傾向較高。如表 8.1 所示：

表 8.1 權力距離高低之特性比較

高度權力距離指標	低度權力距離指標
1. 劃分高低階級	1. 降低不公平
2. 依賴領導者	2. 全體彼此依賴
3. 管理者有特權	3. 全體權利平等
4. 強調強制性與參與性權力	4. 強調報償性、法定性及專家性
5. 上層者與下層者最後是衝突的	5. 上層者與下層者最後是和諧的
6. 管理者與被管理者認為彼此是不平等的。	6. 管理者與被管理者認為彼此是平等的

資料來源：Hofstede (1980)。

（二）不確定迴避（Uncertainty Avoidance）

　　人類對於生命中的不確定，心底隱藏著焦慮、不安、甚至恐懼。人類社會因此演化出一些方式，來設法迴避不確定性或建構確定性。人類面對不確定的方式有三大類：科技、法律、宗教。科技協助人類面對來自大自然的不確定；法律協助我們面對來自其他人的不確定；宗教則讓我們把無法面對的不確定交出去。不確定迴避強烈的文化，人民傾向尋求保障、尋求依靠、尋求指示，社會很容易轉變成教條化、僵化，甚至威權化。

　　由於不同國家、社會有著不同文化、歷史、傳統習慣，他們的人民對不確定性有著截然不同的處理態度。在高度避免不確定性社會下的人，他們通常會有較多的焦慮感，使他們可能更具有進取心，進而設計出各種較爲正式化的機制（mechanism）來提供保障並降低風險。Hofstede 認爲，在高度避免不確定性的社會通常需要提供工作更大的穩定性，樹立更多正式的規定，不容許脫軌的想法和行爲及確信絕對眞理和獲得眞正技術來避免不確定性狀況的出現；相反的，在低度避免不確定性的社會，傾向不喜歡規定及較少的形式與標準化，而不會輕易地對於不熟悉的事物大驚小怪且能夠容忍別人的不同意見或創新行爲，如表 8.2 所示。

表 8.2　不確定性迴避高低之特性比較

高度不確定性規避指標	低度不確定性迴避指標
1. 能理解不明確是一種必須抗拒的連續威脅	1. 能接受不明確
2. 存在有高焦慮及壓力	2. 較開放、壓力低
3. 能接受攻擊行爲	3. 藐視攻擊行爲
4. 強烈渴望一致	4. 接受不一致

續表 8.2

高度不確定性規避指標	低度不確定性迴避指標
5. 傾向保守主義、尊重法律次序	5. 較不傾向保守主義
6. 著重安全性	6. 富冒險性
7. 在穩定中求發展	7. 在認知中求發展
8. 尋求最基本及絕對的真理與價值	8. 強調相對及實證主義
9. 社會組織結構嚴謹	9. 社會組織結構鬆散

資料來源：Hofstede (1980)。

（三）個人／集群主義傾向（Individualism／Collectivism）

　　個人主義牽涉到「自我」的範圍，即對於自我存在有意義的範疇。西方人認為個人存在是可以跟群體分開來的，個體的意義是自己定義的。中華文化則剛好相反，認為個體是無法與群體分開的。個體與群體的關係會影響到社會中各種人際關係的建構與運作，也必然會形塑社會組成分子的性格。（如表 8.3）

表 8.3　個人／集群主義之特性比較

高度個人主義指標	低度個人主義指標
1. 個人潛意識心理	1. 群體潛意識心理
2. 自我取向	2. 集體取向
3. 以個人基礎為本質	3. 以社會基礎為本質
4. 個人的獨立性源自於組織及機構本身	4. 個人的依據性源自於組織及機構本身
5. 強調個人取向及成就感，以個人的領導才能為榮	5. 強調隸屬於組織，以組織為榮

續表 8.3

高度個人主義指標	低度個人主義指標
6. 認為每個人都有私人生活、表達個人的意見與權力	6. 個人的私生活可被所屬的機構及團體干預,而個人意見的表達是預先做好安排的
7. 需要尋求特定的親友關係	7. 由組織或團體提供專業知識、指示責任劃分及安全保障
8. 自我追求自主性、變化性與愉悅生活及個人的經濟安全	8. 親友關係由社會關係所界定
9. 相信個人所決定的一切	9. 相信團體所決定的一切
10. 其價值標準可適用於一切情況,是宇宙性的	10. 在不同的團體中有各不相同的價值標準,其有特殊性

資料來源:Hofstede (1980)。

　　個人主義反應出個人融入群體的程度,意謂著社會結構鬆散,只追求其個人本身或其直屬家庭之自我利益。因此,此種社會文化整合度較弱;相反的,集體主義意謂著社會結構緊密,人們把自己視為大團體的一部分,人人必須對團體之利益承擔責任且對團體有很大的忠誠度,此種社會文化整合度較高,通常在集體主義社會中的人們還會被要求,行事不能只從自己的利害觀點出發,應該設法照顧其他人。個人主義指標高的國家重視個人的成就、價值與利益之得失;重視自我依靠、自我成就;犯錯依據個人標準來評斷。個人主義指標低的國家重視群體與個體的聯繫,自我的範圍也較模糊;群體的因素常常滲入個體自我的範疇。個人的成就、資源、責任皆與組織內其他成員共同分擔。

(四)男性作風／女性作風(Masculinity／femininity)

　　此構面在分析某特定社會中對男女角色之定型化程度。男性作風

是指強調致富與追求成就之價值，特徵是獨斷孤行，為了賺取金錢及達成目標，而不去關心其他人或是生活的品質，Hofstede 認為對於兩性角色劃分的社會而言，男性會採取較為獨斷性、支配性的角色；女性則採取較多服務與照顧別人的角色。在高度男性作風的文化中，人們會因為自以為「理性」而去遵奉獨斷獨行和金錢導向的價值，他們不太重視也較不願意去關懷別人。在高度男性作風的文化中，較常有企業家精神或冒險家精神，而且對於額外的成就會感到特別興奮；相反的，在一個低度男性主義傾向的社會環境裡，人們會特別去強調維持良好的人際關係，將更重視生活的品質，也願意付出較多的時間與精力去關心別人，在男性作風中，人們所追求的目標比較屬於社會地位、權力及金錢等物質的成就。在女性作風中，人們所追求是屬於精神層面的，例如：工作場所的和諧、社會關係、生活品質等。男性作風高低之特性比較，如 8.4 所示。

表 8.4　男性作風高低之特性比較

高度男性作風指標	低度男性作風指標
1. 以金錢或物質為中心	1. 以人本為中心
2. 重視個人表現及成長	2. 重視生活
3. 為工作而生活	3. 為生活而工作
4. 以成就表現為典範	4. 以服務為典範
5. 強調獨立性	5. 彼此相互依賴協助
6. 強調因果關係	6. 強調直覺、機運
7. 對成功者認同	7. 對不幸者同情、憐憫
8. 在能力表現上：追求完美。	8. 在階級上：不企求超越他人
9. 視大及快為美	9. 視小及慢為美
10.男性應該是堅強自我肯定的：女性應該是體貼細心的	10.男性不一定要堅強肯定、要注意到自己的角色即可

資料來源：Hofstede (1980)。

（五）長期／短期導向（Long-term Orientation ／ Short-term Orientation）

Hofstede（1993）認為一個區別社會文化不同的構面是它們對於時間有不同的態度，重視時間導向的人會重視時間為一種有限的資源，而且重視長期的發展。相反的，短期導向的文化重視過去及現在，強調尊重傳統及履行社會義務。長期導向表示此國家文化非常重視未來，例如：節儉與堅毅之特質，都是為了使未來有更好之生活。而短期導向之國家比較重視過去與現在，當前的事比未來更加重要。Hofstede（1993）認為一個區別社會文化不同的構面是他們對於時間有不同的態度。重視時間導向的人則會視時間為一種無限且沒有止盡的資源，並較沒有耐性。例如：美國較有重視時間的導向，而中東及亞洲國家則較忽略時間。

表 8.5　長期導向高低之特性比較

長期導向指標	短期導向指標
1. 調整傳統趨向現代化	1. 尊重傳統
2. 在限度內尊重社會與地位	2. 不計代價地尊重社會與地位
3. 節儉、節約資源	3. 跟隨社會壓力、過度花費
4. 大量儲蓄，資金有效地投資	4. 小額儲蓄，極少的錢用來投資
5. 忍受緩慢的成果	5. 期望快速的成果
6. 願意為了目標服從他人	6. 關注「面子」問題
7. 關注美德	7. 關注真相

資料來源：Hofstede (1980)。

表 8.6 國家文化構面分數統計表

國家	權力距離	不確定性迴避	個人主義	男性作風	長期導向
臺灣	58	69	17	45	87
美國	40	46	91	62	23
英國	35	35	89	66	25
德國	35	65	67	66	31
日本	54	92	46	95	80
中國	80	30	20	66	118
泰國	64	64	20	34	56

資料來源:

(1) Hofstede, G. (1983a). "National Cultures in Four Dimensions: A Research-Based Theory of Cultural Differences Among Nations," *International Studies of Management & Organization*, 13(1-2), 46-75.

(2) Hofstede, G. and Bond, M. H. (1988). "The Confucius Connection: From Cultural Roots to Economic Growth," Organizational Dynamics, 16(4), 4-22.

　　根據 Hofstede 之分析結果顯示,如表 8.4 所示,臺灣地區在「權力距離」構面上屬於稍高的傾向、在權力距離高的國家中屬下對上司顯現出較高的服從性;反之,在權力距離低的國家,屬下對上司顯現出較高的獨立性。臺灣在「權力距離」分數屬於中等偏高,代表臺灣的主管威權度不高,和工作團隊呈現較和諧的狀態。在「不確定性迴避」構面上也屬於稍高分數 69 的傾向,代表人民傾向尋求保障、尋求依靠、有時只是心理上的安全感。

　　「個人主義」構面上屬於低度的傾向分數臺灣為 17,中國大陸 20 偏向極端的集體主義分數為 83 代表臺灣的社會群居的程度較高。和美國「個人主義」分數剛好接近相反。在傳統中華文化認為個體無法與群體分開,西方文化則認為個人存在是可以和群體分開。個體與群體的關係會影響到社會中各種人際關係與運作,與社會的價值體系必然息息相關。Hofstede 量測工作有關問題,根據指標,個人主義高

的國家重視個人成就、價值與利益得失；重視自我依靠、自我成就；犯錯依據個人標準來評斷。臺灣個人主義低，代表重視群體與個體的聯繫，個人的成就、資源、責任皆與組織內其他成員共同分擔。

「男性作風」構面上分數臺灣 45，中國大陸 66 都屬於稍低的傾向，偏向女性作風，代表溫柔與關懷和體貼。Hofstede 的研究中，最具男性氣概的國家是日本，日本女性代表溫柔和謙卑。

「長期導向」構面上則有高度的傾向，分數為 87，代表臺灣的經營管理者傾向於長期發展的經營形態。

二、和平文化經營理念

（一）和平文化經營理念

多國籍企業「和平文化經營理論」（The Managerial Philosophy of Peace Culture，以下簡稱 P 理論）P 理論（林彩梅，2004），從多國籍企業之發展與「世界和平人類幸福」之關係，多國籍企業跨國之異文化管理，領導者必須具備最重要的「和平文化經營理念」。MNE 領導者唯有和平文化經營理念「和平共生思想，世界市民教育」才能凝聚國家民族文化之差異，多民族的團結合作，提升國際經營合作的成果，並以「人道主義競爭」才能更提高國際競爭力。

和平文化經營理念，MNE 領導者必須具備如下十項經營理念，企業全球化成效才能更發展。分析如下：

1. 企業經營為全人類利益極大化

領導者之企業經營利潤極大化，並非考慮「企業本身利益極大化」，而是考慮「全人類利益極大化」。

2. 要有慈悲、智慧與勇氣

領導者必須持有包容人的慈悲，以及克服一切困難的智慧，此智慧不但能拓展人類精神的創造性，也能克服人類社會面的任何危機，並能以正義的勇氣徹底執行，使全球企業達成和平、富裕共生，提高經營績效。

3. 持有企業倫理、產業道德

領導者必須持有「世界觀」、「關懷世人」，以「企業倫理」以及「產業道德」為員工、消費者和社會的長期利益。

4. 優良的「企業市民」

MNE 全球化過程中，必須遵守各國法律制度，尊重各區域的文化、習慣，必須對地主國經濟，社會發展有貢獻，且能獲國際社會信賴的優良企業市民。

5. 重視當地環保與人民健康

研發、生產各種高科技的產品，同時關懷當地之環保，人民之健康為原則。

6. 世界市民和平共生精神

加強「世界市民教育」和平共生精神，不分種族、民族、宗教信仰、膚色等文化的差異。互相不是排斥，而是尊重、理解多元文化，並珍惜此差異而成為自己友情資源，共享和平共生、人民幸福、社會繁榮。

7.「王道文化」管理

領導者要以「王道文化」管理，以「德」感化之管理方式。不僅尊重人性管理，更要「啟發人性」管理。對部屬之激勵從人生需求

「自我實現」最高之成就感，以達「勝任感」的最高滿足。

8. 眞誠國際友誼，提高國際合作成果

「多民族國家和諧」的智慧，在於「眞誠之心」。「心」的距離最重要。建立「眞誠國際友誼」，提高國際團結合作成果，共享和平與繁榮。

9. 尊重人權與尊嚴

同爲世界市民，要關懷他國民族與他國利益，尊重「人權」以及人的「尊嚴」，以達「世界和平、人類幸福」。

10. 菩薩行的企業組織

「菩薩」是形容愛心與有關懷。全體員工不只對公司盡忠職守，更有高度關懷全球消費者之利益，以「匠心」製造高品質力求「價廉物美」，以「關心」關懷客戶、親切、及時的完善售後服務，而獲消費者高滿意度與信賴，並以「人道競爭精神」提升企業的國際競爭力。

綜合上述，「和平文化經營理論」（P 理論），多國籍企業領導者之異文化管理，必須具有「和平文化經營理念」，凝聚世界各國多種民族團結合作的力量，多國籍企業國際經營績效必能更加提升，也才能達到世界和平，使人民幸福、世界經濟更加繁榮。創造二十一世紀有更好的和平世界，更能考慮對方的世界，更有慈愛的世界。

（二）和平文化經營理念與異文化管理關係理論

和平文化經營理念與異文化管理以及經營績效關係理論（如〔圖 10.1 Peace, Management, Effect〕，簡稱「PME 理論」；林彩梅，2000），「和平文化經營理念」是要從「異文化管理」而落實，而

和平文化經營理念重視程度會影響異文化管理型態之選擇，因管理型態不同，而管理制度與福利制度不同，員工士氣會改變，產品品質與服務會有差異，消費者滿意度也會改變，高度影響 MNE 國際競爭力與經營績效。

MNE 領導者持有「和平文化經營理念」（peace, P）可獲得多國異文化、異民族之共識、支持與團結，提高子公司國際競爭力：「和平文化經營理念」重視程度越高，MNE 在地主國子公司將採取「第三文化管理」（management, M），整合第一文化與第二文化管理之優勢，對母國與地主國都有益，獲兩國異文化管理之共識；在管理制度與福利制度之優勢，提高員工士氣、高品質與高服務成果，消費者滿意度提高、國際市場競爭力更強、經營績效提升（effect, E）。換言之，「和平文化經營理念」重視程度越高，異文化管理越會選擇「第三文化管理」，整合第一與第二文化之優點，因此員工士氣提升，消費者滿意度提高，競爭力提升，經營績效更高。

（三）多國籍企業跨國異文化管理之衝擊

多國籍企業對外投資跨國異文化管理（cross cultural management），海外派遣管理者依母公司的「管理文化」，即是依母國社會文化、母公司組織文化，母公司經營理念所擬定的管理制度，進入地主國的「管理文化」，必面臨地主國的歷史、宗教、種族以及民族的價值觀等文化差異之衝擊，其地主國社會文化、地主國本土企業之組織文化、地主國本土企業之經營理念所擬定之管理制度，其價值體系、知識體系、意義體系與「母公司管理文化」必有很大的差異與管理文化的衝擊（如〔圖 8.1〕）。

海外派遣管理者在地主國子公司應採用何種管理文化，才能提升子公司員工的士氣，無論是產品品質或售後服務以至顧客滿意度，經

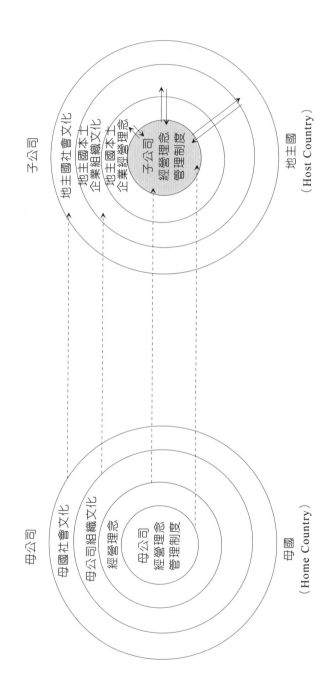

圖 8.1 跨國企業異文化管理之衝擊

資料來源：林彩梅（2000），《多國籍企業論》第五版，五南圖書出版股份有限公司。

營績效都能比地主國本土企業更有國際市場競爭力，況且對母公司與子公司都有利，對母國與地主國經濟亦都有貢獻。因此，跨國異文化管理，應採取何種「管理文化」是海外派遣管理者提高管理績效的首要任務。

1. 社會文化

「社會文化」是跨國企業異文化管理必須探討地主國的歷史與文化之發展過程，內容涵蓋該國的政治、法律、經濟、宗教、種族、教育等形成之社會文化、人民價值觀，尤其是宗教與種族文化影響人民價值觀頗多，社會人士在此環境中的經驗以及溝通的傳承中，所形成共通的知識體系、意義體系，以及價值體系。

2. 組織文化

「組織文化」是公司發展之宗旨，在母國社會文化中以及母公司領導者之經營理念，企業發展之策略以及企業對社會發展之道德等，形成該公司特有的組織文化。在組織環境中，其成員所表現的工作績效、服務的價值觀、對公司的忠誠心，共存共榮的國際精神等而形成共通的知識體系、意義體系以及價值體系。換言之，組織文化是成員的共同目標而期待於行動規範、判斷基準（standard）、平衡感覺（sense of balance）等之行為表現，尤其是成員的觀念（perspective）。

三、異文化管理理論

多國籍企業海外派遣者，在地主國子公司，異文化管理可分三種型態，「第一文化管理」、「第二文化管理」以及「第三文化管理」（林彩梅，2000）。MNE 在地主國子公司之異文化管理應採取何種

經營管理制度，子公司之員工士氣才能比當地企業員工士氣更高、經營績效更佳、國際市場競爭力更強，是海外派遣管理者要細心思考最關鍵之事，內容分析如下。

（一）第一文化管理

母公司經營管理者，依母國「社會文化」、母公司的「組織文化」、母公司的經營理念，擬定經營管理制度，落實於母公司的經營管理，表現於知識體系、意義體系與價值體系。MNE 海外派遣管理者在地主國子公司之管理制度，採用「第一文化管理」。

（二）第二文化管理

地主國本土企業經營管理者，依地主國「社會文化」、地主國本土企業之「組織文化」、以及地主國本土企業經營理念所擬定之管理制度，表現於知識體系、意義體系以及價值體系。MNE 海外派遣管理者在地主國子公司之管理制度，採用「第二文化管理」。

（三）第三文化管理

MNE 海外派遣管理者，充分瞭解母公司的「第一文化」，也深入瞭解地主國的「第二文化」，為提升地主國子公司之員工士氣與競爭力，必須整合「第一文化」與「第二文化」管理制度之優點，落實於該子公司的經營管理制度與福利制度，而表現於新的知識體系、意義體系以及價值體系，稱為「第三文化管理」。此管理制度，對母國與地主國職員都很適當，且有高度鼓勵績效，可提升子公司員工士氣以及卓越的經營成果。因此，「第三文化管理」是 MNE 跨國異文化管理最佳方式。

對應採用第一文化管理或第二文化管理，何者較佳，如何決定？若母公司的管理制度與福利制度比地主國本土企業佳，為提高地主國子公司員工士氣，則須採用「第一文化管理」，若母公司的管理制度與福利制度比地主國本土企業差，則須採用「第二文化管理」。若相反採用，其員工士氣與競爭力都會減弱。

四、美日 MNE 在臺和平文化經營理念與異文化管理策略

企業全球化之發展，若僅為利益而缺乏「和平共生精神」，不重視企業倫理、產業道德，必如 2008 年雷曼兄弟大企業等破產案，影響世界各國的經濟衰退等問題。也面臨不同宗教、不同民族、種族、文化之差異，引起不合作、鬥爭、破壞等問題，企業發展必遭阻礙，母國與地主國經濟亦受影響。如何紓解近百年管理思想理論的演進尚不足，MNE 理論的演進也未深入論及，為此，探討有何紓解方法。唯有和平文化經營理念才可紓解不同民族、種族、宗教文化差異問題，團結為公司的發展而努力。

「和平文化經營理念」重視程度越高，異文化管理績效越好，而異文化管理越會選擇「第三文化管理」，整合第一與第二文化管理之優點，對母國與地主國都有益。二十一世紀企業全球化欲更發展，唯有 MNE 經營者持有「和平文化經營理念」，發揮「和平共生精神」，落實企業倫理、產業道德，對員工加強「世界市民教育」，對企業經營以全人類利益極大化為目標，才能獲得不同宗教、民族、異文化之共識的支持與團結，並以「人道競爭精神」，提高企業的國際聲望與國際競爭力（林彩梅，2011）。

（一）美日 MNE 和平文化經營理念重視程度之比較

依美日 MNE 在臺灣子公司以及中國子公司之研究調查實證結果，整體而言，美日 MNE 都高度同意「和平文化經營理念」之重要性。重視程度平均值，日本 MNE 最高 4.83、美系 MNE4.12（如表 8.7）。

從細項分析，美日二系都高度重視且平均值相近，都在 4.50 以上，如下五項內容：(1) 重視企業倫理與產業道德（美系 4.50、日系 4.90）；(2) 遵守各國法律與文化（美系 4.80、日系 4.85）；(3) 重視當地環保與當地人健康（美系 4.70、日系 4.85）；(4) 真誠國際友誼、提高國際合作（美系 4.60、日系 4.85）；(5) 尊重人權與尊嚴（美系 4.70、日系 4.80）。

表 8.7　美日 MNE 在臺灣「和平文化經營理念」重視程度之比較

和平文化經營理念	國別	
	美國	日本
1. 企業經營利益是為「全人類利益極大化」。	3.20	4.80
2. 經營者持有世界和平共生精神，不分種族、民族、宗教等差異，尊重多元文化，「關懷」與「寬容」，共享和平共生與繁榮。	3.60	4.80
3. 企業經營要重視「企業倫理」與「產業道德」，關懷世人。	4.50	4.90
4. 經營者要有包容人的「慈悲」，克服困難的「智慧」，正義精神的勇氣，徹底執行，以達和平、富裕共生。	3.50	4.80
5. 企業全球化遵守各國法律與文化，成為地主國優良的「企業市民」。	4.80	4.85
6. 企業投資高科技產品，同時要重視當地環保與關懷人民健康為使命。	4.70	4.85
7. 經營者要以「王道文化」管理，以德服人，尊重人性與啟發人性管理，提高國際競爭力。	3.70	4.80

續表 8.7

和平文化經營理念	國別	
	美國	日本
8. 企業經營者要有「多民族國家和諧」的智慧，建立「真誠國際友誼」，提高國際合作、共享和平與繁榮。	4.60	4.85
9. 企業要關懷世界市民，尊重「人權」及人的「尊嚴」，以達世界和平、人類幸福。	4.70	4.80
10.菩薩行的企業組織，菩薩代表「愛心」。員工士氣不僅對公司盡忠職守，更要關懷全球消費者利益，提高品質以達價廉物美，以及親切及時的完善售後服務，獲得消費者高度滿意與信賴，以人道競爭精神提升企業國際聲望。	3.90	4.90
平均值	4.12	4.83

註：方格內之數字為平均數：完全不重視 1 分，低度重視 2 分，重視 3 分，高度重視 4 分，完全重視 5 分。

資料來源：林彩梅之研究調查，2010 年 1-5 月，美日在臺灣以及中國子公司之實證調查。

　　另五項美、日二系 MNE 平均值差距較大，日系 MNE 重視程度都在 4.8 以上，高於美系 MNE 都在 3.9 以下，也呈現美系 MNE 較不重視之五項內容如下：(1) 企業經營是為全人類利益極大化（日系高達 4.80、美系 3.20）；(2) 經營者持有和平共生精神，不分宗教、種族，尊重多元文化（日系高達 4.80、美系 3.60）；(3) 經營者持有包容人的慈悲、智慧與正義勇氣（日系高達 4.80、美系為 3.50）；(4) 經營者以王道文化管理啟發人性智慧（日系高達 4.80、美系 3.70）；(5) 菩薩行企業組織，關懷全球消費者利益，並以「人道競爭精神」提升國際競爭力（日系高達 4.90、美系 3.90）。「和平文化經營理念」的不同，在地主國子公司的異文化管理型態之選擇，也會有差異。從上述呈現美國企業最重視遵守各國法律與文化，成為地主國優良的企業市民，日本企業最重視員工士氣、消費者滿意度，以人道競

爭提升企業的國際聲望。

（二）美日 MNE 在臺灣與中國子公司異文化管理策略之差異

1. 美日 MNE 在臺灣子公司之異文化管理策略之比較

(1) 美系 MNE 多數企業在臺灣之異文化管理型態，從管理制度、招募制度、職訓制度、薪酬制度、品管理念、晉升制度、行銷理念、福利制度以及獎金制度九項都採用「第三文化管理」，「次多」少數企業，除了招募制度與晉升制度採用「第一文化管理」之外，其他七項都採用「第二文化管理」（如表 8.8）。第二文化管理與地主國本土企業管理制度相同，難於提高員工士氣比本土企業較佳。

(2) 日系 MNE 多數企業在臺子公司之異文化管理型態，除薪酬制度、福利制度以及獎金制度採「第三文化管理」之外，其餘管理制度、招募制度、職訓制度、晉升制度、品管理念、行銷理念六項都採「第一文化管理」和日本母公司一樣嚴格訓練、高品質、親切的售後服務，員工士氣高昂。而「次多」少數企業除了前三項採「第一文化管理」之外，後六項都採「第三文化管理」，而不採「第二文化管理」（如表 8.8）。因此員工士氣比地主國本土企業較佳。

美日企業經營策略比較，福利制度與獎金制度，日本企業採用第一文化，美國企業採用第二文化，因此日本員工士氣將比美國士氣高昂。而職訓制度、品管制度、行銷制度，日本都採第一文化管理，依母公司嚴格人事訓練、高品質、親切售後服務，員工士氣比美國企業採用第三文化管理員工士氣更高昂，日本企業經營成果將比臺灣、美國企業都較佳。

表 8.8　美日 MNE 在臺灣子公司異文化管理策略之比較

國別	美系企業		日系企業	
管理型態 制度	最多 （60% 以上）	次多 （40% 以下）	最多 （60% 以上）	次多 （40% 以下）
管理制度	第三文化	第二文化	第一文化	第三文化
招募制度	第三文化	第一文化	第一文化	第三文化
職訓制度	第三文化	第二文化	第一文化	第三文化
薪酬制度	第三文化	第二文化	第三文化	第一文化
晉升制度	第三文化	第一文化	第一文化	第三文化
品管理念	第三文化	第二文化	第一文化	第三文化
行銷理念	第三文化	第二文化	第一文化	第三文化
福利制度	第三文化	第二文化	第三文化	第一文化
獎金制度	第三文化	第二文化	第三文化	第一文化

註：選擇異文化管理型態件數占總件數 50% 以上者爲「最多」，其次 50% 以下
　　較高者爲「次多」。
資料來源：林彩梅之研究調查。

2. 美日 MNE 在中國子公司異文化管理策略之比較

(1) 美系 MNE 多數企業中國子公司之異文化管理型態，從管理
　　制度、招募制度、職訓制度、薪酬制度、晉升制度、品管理
　　念、行銷理念、福利制度、獎金制度九項全部都採「第三文
　　化管理」，而「次多」少數企業九項，也全部都採「第二文
　　化管理」（如表 8.9）。

(2) 日系 MNE 中國子公司之異文化管理型態，管理制度、招募
　　制度、薪酬制度、品管理念、行銷理念、福利制度、獎金制
　　度七項都採「第三文化管理」，爲加強職訓制度與品管理念
　　而採用「第一文化管理」；「次多」仍然是職訓制度與品管
　　理念，採「第三文化管理」之外，其餘均採「第一文化管

理」，而不採「第二文化管理」（如表 8.9）。

綜合上述，美、日 MNE 二系企業在臺灣與中國之異文化管理，對管理制度、員工招募、在職訓練、薪酬制度、品質理念、晉升制度、行銷理念、福利制度以及獎金制度等九項，大多採用「第三文化管理」整合母公司與地主國本土企業管理制度與福利制度之優點，大多數企業都有高度競爭力，對母國與臺灣和中國經濟均有助益（如表8.8 以及表 8.9）。

表 8.9　美日 MNE 在中國子公司異文化管理策略之比較

國別	美系企業		日系企業	
管理型態 制度	最多 （60% 以上）	次多 （40% 以下）	最多 （60% 以上）	次多 （40% 以下）
管理制度	第三文化	第二文化	第三文化	第一文化
招募制度	第三文化	第二文化	第三文化	第一文化
職訓制度	第三文化	第二文化	第一文化	第三文化
薪酬制度	第三文化	第二文化	第三文化	第一文化
晉升制度	第三文化	第二文化	第三文化	第一文化
品管理念	第三文化	第二文化	第一文化	第三文化
行銷理念	第三文化	第二文化	第三文化	第一文化
福利制度	第三文化	第二文化	第三文化	第一文化
獎金制度	第三文化	第二文化	第三文化	第一文化

資料來源：林彩梅之研究調查。

美國多數企業經營策略在中國子公司從管理制度、招募制度、職訓制度、薪酬制度、晉升制度、品管制度、行銷制度、福利制度、獎金制度等九項都採第三文化管理。但是少數企業卻都採第二文化管理和地主國本土企業相似，員工士氣很難比本土企業高昂。

日本多數企業，職訓制度、品管制度和行銷制度都採第一文化管

理，完全依母公司嚴格人事訓練，高品質和親切的售後服務，消費者滿意度，經營績效將高於美國企業和本土企業。日本企業全部未採用第二文化管理，員工士氣高昂，消費者滿意度高，國際競爭力強。

（三）美日 MNE 在臺灣與中國子公司消費者滿意度之比較

日系 MNE 無論在臺灣與中國在職訓練制度、品管理念以及行銷理念，都採「第一文化管理」，依母公司從嚴之人才培訓，加強「世界市民教育」提高和諧與團結，並以「匠心」嚴格的高品質管理及以「關心」親切、高度關懷顧客之售後服務，並以「人道競爭精神」提升國際聲望，不僅提高企業本身競爭力，對臺灣與中國人才之培訓與產品品質提升，都有高度助益。對福利制度和獎金制度也都採第三或第一文化管理制度，獎金福利高也激發員工士氣更高昂。

在「次多」少部分企業方面，美系 MNE 在臺灣與中國多數都採「第二文化管理」，而日系 MNE 在臺灣與中國都不採「第二文化管理」。由於「第二文化管理」對企業本身將缺乏競爭力，因此，美日 MNE 在臺灣與中國之異文化管理，日系 MNE 在臺灣與中國子公司無論是員工士氣、品管精緻、售後服務以及消費者再購買意願，都高於美國 MNE 在臺灣與中國子公司，而消費者對臺灣產品滿意度都高於中國（如表 8.10）。對於顧客忠誠度日系 MNE 高於美系，對於產品競爭力臺灣高於中國。

表 8.10　美日 MNE 在臺灣與中國子公司消費者滿意度之比較

變數名稱	美國		日本	
	臺灣	中國	臺灣	中國
員工士氣	3.72	3.42	4.25	4.15
品管精緻	3.60	3.28	4.30	4.18
售後服務	3.76	3.30	4.28	4.12
再購買意願	3.81	3.56	4.17	4.01

資料來源：林彩梅之研究調查。

【附註】

1. 林彩梅（2017），《多國籍企業論》第七版，五南圖書出版股份有限公司。

2. Hofstede, G. (2001). *Culture's Consequences: Comparing Values, Behaviors, Institutions, and Organizations across Nations*, 2nd ed., Thousand Oaks, CA: Sage.

日本多國籍企業內貿易（intra-firm trade）效果策略

　　世界經濟發展有賴於多國籍企業國際產業分工之發展，而各國經濟發展必須重視產業結構高度化，然而產業結構高度化有賴於 MNE 技術移轉而達成。通常貿易逆差國採取貿易保護政策，順差國爲避免貿易障礙而對外投資達到企業內貿易效果，多數國家只重視國際貿易平衡，而忽略 MNE 企業內貿易（intra-firm trade）效果策略之影響力，更重要的是，「MNE 企業內貿易」對「地主國貿易結構」與「本國產業結構」之影響，爲最值得研究的課題。企業內貿易可提高母公司銷售額，減少貿易順差，降低國際間的貿易摩擦問題。

一、國際產業分工理論

　　國際產業分工理論，依日本權威學者入江豬太郎博士之分析（如圖 9.1），國際產業分工因世界或區域性之原料差異、技術差異、成本差異以及文化差異等而產生，在「比較利益」原則下，形成企業對外投資分工生產。從垂直貿易發展爲垂直分工，從水平貿易發展爲水平分工，國際產業分工可分爲垂直分工（vertical division of labor，技術差異之分工與貿易），水平分工（horizontal division of

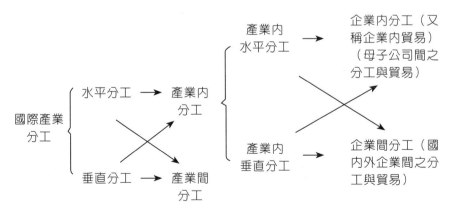

圖 9.1　國際產業分工

資料來源：入江豬太郎（1988），《國產業分工理論》。

labor，技術相近而成本差異之分工與貿易），從產業面分為產業間
分工（inter industry division of labor，不同產業之分工與貿易），產
業內分工（intra industry division of labor，同產業之分工與貿易）；
而產業內分工分為產業內垂直分工（技術密集程度之差異對製程之分
工與貿易）、產業內水平分工（技術密集程度相近，因外表設計、品
牌或價格不同所產生之分工與貿易）；產業內分工又分為企業間分工
（inter-firm division of labor，國內外企業間之分工與貿易），企業
內分工（intra-firm division of labor，母公司與子公司間之分工與貿
易），企業內分工又稱為「企業內貿易」（intra-firm trade）。

（一）MNE 企業內貿易效果策略

MNE 採取「企業內貿易效果策略」（林彩梅，1995）之重要目
的是，在母國如何運用「國際產業分工理論」，加強 R&D 提高國內
產業國際競爭力，對外投資採取「企業內貿易效果理論」，增加母子
公司銷售總額，減少母國對地主國貿易順差，降低國際貿易摩擦問
題，甚至於採取「價格移轉策略」，提高銷售競爭力與利潤等，由此
更增加國際產業國際競爭力，提升母國產業結構之目標。首先分析
「企業內貿易效果理論」。

1. 企業內貿易效果理論

MNE 對外投資之發展，為提高母子公司的銷售總額，並希望能
減少母國對地主國貿易順差，降低母國對地主國的國際貿易摩擦問
題，甚至於採取「價格移轉策略，提高銷售量與財務利潤率等」，必
須發揮「企業內貿易四大效果」之功能，四大效果分述如下。

(1) 輸出代替效果（export substitution effect）：MNE 對地主國
　　子公司技術移轉成效越高，在地主國生產與銷售也越多，取

代母國原對地主國之輸出額越高，母國輸出減少，順差也減少，而母公司銷售總額增加。

(2) 逆輸入效果：因子公司產品品質提升，價廉物美回銷母國增加，母國順差減少，而母子公司銷售總額增加。

(3) 輸出誘發效果：因子公司對地主國內銷、回銷母國，以及外銷第三國之銷售產量增加，因此對母國中間材、零件之需求也增加，母國對地主國輸出增加，母國順差也增加，而母子公司銷售總額增加。

(4) 輸入轉換效果：因子公司生產力提高，銷售總額更加提升，母公司的生產需求量減少，對地主國原料輸入之需求也減少，母國貿易順差即增加。

從總貿易效果而言，對外投資技術移轉初期，母國對地主國貿易順差會增加，技術移轉成長越高，母國貿易順差會逐漸減少，甚至成為貿易逆差。而母子公司銷售總額更增加。

換言之，子公司的輸出代替效果或逆輸入效果增加，母國對地主國的貿易順差即減少；若輸出誘發效果或輸入轉換效果增加，母國對地主國的貿易順差即增加。因此，輸出代替效果與逆輸入效果之合計，大於輸出誘發效果與輸入轉換效果時，母子公司銷售總額更增加，而母國對地主國貿易順差逐漸減少，甚至成為逆差。而輸出代替效果、逆輸入效果以及輸出誘發效果（輸入轉換效果除外）之增加，都是母子公司銷售額的增加。所以，對母國與地主國經濟發展均有很大助益。

2. 企業內貿易效果策略之功能

MNE 為企業與國家經濟發展（如圖 9.2），在母國必須採取國際產業分工策略，提高「水平分工」與「垂直分工」之最佳成果。而母公司積極加強 R&D，開發高科技產品，提高國內產業國際競爭力。

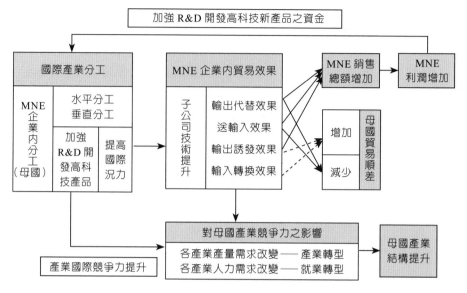

圖 9.2　MNE 企業內貿易效果策略理論

資料來源：林彩梅（2000），《多國籍企業論》，五南圖書出版股份有限公司。

MNE 為擴大國際市場的產業國際競爭力，採取對外投資，依各國經營資源之比較利益，選擇最適度之技術移轉，發揮國際經營資源整合之互補成效，並在地主國採取 MNE「企業內貿易效果策略」。其功能如下：

(1) 增加 MNE 銷售總額

MNE 對地主國子公司採取「企業內貿易效果策略」，提高技術移轉成果，MNE 產業國際競爭力增強，輸出代替效果、逆輸入效果、以及輸出誘發效果增加，都是母子公司間之 MNE 銷售總額增加，MNE 利潤也隨之增加。況且子公司之銷售不只是地主國市場及母國市場，尚有廣大的第三國外銷市場。因此，子公司技術移轉成效越好，企業內貿易效果越高，MNE 企業內貿易總額將更增加，可高於母國與地主國間之外銷總額，甚至數倍成長，經營利潤也大幅增

加。因此，對一國的經濟發展，國家總貿易額之評估，應該是母國對世界之國際貿易額扣除母子公司間之貿易額，加上 MNE 企業內貿易額之合計。

(2) 減少母國貿易順差

若子公司之輸出代替效果與逆輸入效果之增加額，大於輸出誘發效果與輸入轉換效果時，母國對地主國的貿易順差即能減少，甚至轉成逆差，可降低國際間貿易摩擦問題。

(3) 促進母國產業轉型

由於地主國子公司技術移轉成效良好，產業國際競爭力增強，銷售量增加，若「輸出誘發效果」小於「輸出代替效果」與「逆輸入效果」時，將造成母國產品需求量之改變，人力需求也改變，因此產業之生產量必須減少或轉型，工作人員也將失業或轉業。但也因此促進企業家與工作人員的產業國際觀，積極加強國際環境對產業需求轉型之進修與研發，因應國際市場產業的國際競爭力。

(4) 提高產業國際競爭力

因 MNE 利潤大幅增加，匯回母國為加強研究開發高科技新產品之資金，再度提升國內及國際產業的國際競爭力，母國產量需求再度增加，人力需求也增加，並加速外移競爭力較弱產業之投資，延長生命週期，國內高科技產業轉型，提高產業國際競爭力。

(5) 提高母國產業結構

如上述母國加速產業轉型，外移母國競爭力較弱之產業，增強國內高科技研發，開發高科技新產品，更能加速提高母國「產業結構」，對國家經濟發展極為重要。

總而言之，MNE 採取「企業內貿易效果」策略，對企業增加母子公司總銷售額，對母國減少貿易順差，降低國際間貿易摩擦問

題，對母國與地主國之經濟發展都有很大助益。

（二）MNE 企業內貿易對國際貿易之影響

企業內貿易對母國與地主國生產之影響

多國籍企業之發展必須發揮「企業內貿易效果」，而國家經濟發展不可只重視貿易順差與否，應重視實質生產力。

企業內貿易對投資國與地主國生產之影響，如圖 9.3，假設：A 國與 B 國國內市場需求各 100 億美元。A 國生產 90 億美元（國內市場 70 億＋輸出 20 億），從 B 國輸入 30 億美元；B 國生產 110 億（國內市場 80 億＋輸出 30 億）。從 A 國輸入 20 億美元，因「『A 國對 B 國貿易逆差』10 億美元」。A 國對 B 國採取貿易保護政策，B 國製造業為確保 A 國市場，而對 A 國投資。B 國子公司在 A 國當地生產 50 億美元（輸出代替額 30 億，由於母國國內市場之友好關係，因而取代 A 國對 B 國輸出額，回銷母國 20 億），由於在當地生產量提高，從母國購買中間財與零件之需求也增加，誘發輸出額 20 億美元。因此 A 國生產減少為 60 億美元（國內市場 50 億＋輸出 10 億），從 B 國輸入也減少為 20 億美元；B 國生產也減少為 90 億美元（國內市場 70 億＋輸出 20 億），從 A 國輸入 30 億美元，呈現「『A 國對 B 國貿易順差』10 億美元」。B 國子公司在 A 國當地生產力提高，逐漸擴大當地市場，子公司生產提高為 70 億美元（輸出代替額 30 億＋擴大當地市場 20 億＋逆輸入 20 億），從 B 國輸入 20 億，A 國生產只剩 30 億美元（國內市場 30 億）；B 國生產 100 億美元（國內市場 80 億＋輸出 20 億）。由於生產地移至原料來源國生產，不再需要輸入，因此從 A 國輸入減少為 20 億美元，雖然「A 國與 B 國貿易平衡」，事實上企業內貿易，使 B 國生產量從 100 億美元提高至 170 億美元（母公司 100 億＋子公司 70 億），而 A 國生產從 90 億美元

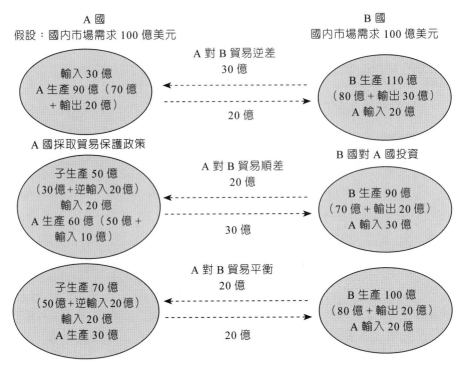

A 國
假設：國內市場需求 100 億美元

B 國
國內市場需求 100 億美元

A 對 B 貿易逆差
30 億

輸入 30 億
A 生產 90 億（70 億
＋輸出 20 億）

B 生產 110 億
（80 億＋輸出 30 億）
A 輸入 20 億

20 億

A 國採取貿易保護政策

B 國對 A 國投資

A 對 B 貿易順差
20 億

子生產 50 億
（30 億＋逆輸入 20 億）
輸入 20 億
A 生產 60 億（50 億＋
輸入 10 億）

B 生產 90 億
（70 億＋輸出 20 億）
A 輸入 30 億

30 億

A 對 B 貿易平衡
20 億

子生產 70 億
（50 億＋逆輸入 20 億）
輸入 20 億
A 生產 30 億

B 生產 100 億
（80 億＋輸出 20 億）
A 輸入 20 億

20 億

圖 9.3　企業內貿易對母國與地主國生產額之變化

假設：投資國（B）與地主國（A）國內市場需求各 100 億美元
投資國（B 國）輸出代替額：30 億美元
逆輸入額　　　　：10 億美元
誘發輸出額　　　：20 億美元
輸入轉換額　　　：10 億美元

註：結果貿易雖平衡，但是 A 國只剩 30 億美元生產，B 國增加爲 170 億美元之
生產與市場，A 國經濟發展必受影響。

資料來源：作者研究。

降爲 30 億美元，國內外市場大部分被 B 國企業取代。

　　總而言之，多數國家只注意兩國之間的「國際貿易平衡問題」，採取貿易保護政策，而忽略最重要的「MNE 企業內貿易之影響力」，以及國家經濟發展之實力。

（三）產業國際競爭力，貿易特化指數之計算模式

　　產業國際競爭力可分爲二種：1.A 國對全世界輸出入總貿易額之計算；2.A 國對 B 國二國輸出入總貿易額之計算。然而，產業國際競爭力又可分爲「國內產業國際競爭力」以及「國際產業國際競爭力」，前者爲母國國內產業對全世界輸出入總貿易之計算，後者爲MNE 在地主國產業對全世界輸出入總貿易額之計算，而國際產業的國際競爭力可增強國內產業國際競爭力優勢之提升。國際競爭力之程度，可從貿易特化指數顯示，是屬於輸出特化水平分工或輸出特化垂直分工；或沒有競爭力是屬於輸入特化水平分工或輸入特化垂直分工；或沒有競爭力是屬於輸入特化水平分工或輸入特化垂直分工。從年代之比較，亦能顯示該產業之國際競爭力是繼續提升或逐漸下降，可供企業爲延長生命週期，確保國外市場選擇對外投資國別，或宜從哪一國引進高科技，以提高產業國際競爭力之決策參考。

　　產業國際競爭力可從「貿易特化係數」（Trade Specialization Coefficient, TSC）計算得知。

$$\text{兩國競爭力指數：TSC} = \frac{\text{輸出（X）} - \text{輸入（M）}}{\text{輸出（X）} + \text{輸入（M）}}$$

如果① X = M　TSC = 0：表示水平分工程度最高，技術相近，競爭力相似。

　　② X > M　1 > TSC ≥ 0：爲輸出特化（export specialization）。
　　　　　　　TSC = +1：技術差距最大，持有高度國際競爭力的輸出特化。

　　③ X < M　-1 < TSC < 0：爲輸入特化（import specialization）。
　　　　　　　TSC = -1：技術差距最大，完全依賴輸入無國際競爭力的輸入特化。

指數為 0：代表技術相近，競爭力相似的水平分工。

指數為 +0.3～0：代表技術較近，稍有競爭力的輸出特化水平分工。

指數為 –0.3～0：代表技術較近，稍無競爭力的輸入特化水平分工。

指數為 +0.3～+1：代表技術差異，有競爭力的輸出特化垂直分工。

指數為 –0.3～–1：代表技術差異，無競爭力的輸入特化垂直分工。

指數為 +1：代表技術差異最大，最高競爭力的輸出特化垂直分工。

指數為 –1：代表技術差異最大，完全依賴輸入的輸入特化垂直分工。

產品在全世界國際競爭力指數 =

$$\frac{\text{一國 A 產品對世界輸出總額} - \text{一國 A 產品對世界輸入總額}}{\text{一國 A 產品對世界輸出總額} + \text{一國 A 產品對世界輸入總額}}$$

產品在二國間水平分工競爭力指數 =

$$\frac{\text{A 國對 B 國 a 產品輸出額} - \text{A 國對 B 國 a 產品輸入額}}{\text{A 國對 B 國 a 產品輸出額} + \text{A 國對 B 國 a 產品輸入額}}$$

二、日本企業內貿易效果策略

多國籍企業（MNE）之進展，對母國與地主國經濟發展均有很大貢獻，對世界經濟成長更有助益。而 MNE 的發展策略之進展，一般而言，從初期對外投資動機理論、產品生命週期理論（R. Vernon, 1960）、折衷理論（J. H. Dunning, 1987）、國際產業分工理論（入江豬太郎，1988），至企業內貿易效果理論（林彩梅，1996），MNE 發展策略進展之差異，其經營績效將有很大不同。二十一世紀日本經濟發展對美國和歐洲貿易順差很高，況且又不是美加或歐盟會員國，遭受美國 301 之威脅，歐盟高關稅阻礙，如何利用企業內貿易

效果紓解貿易順差，提高外銷成果值得研究。

　　世界 MNE 對外投資累計金額至 2009 年為 16 兆 672 億美元。其中，以美國 MNE 對外投資之金額排名第一，為 3 兆 4,307 億美元；英國 MNE 第二，為 1 兆 7,492 億美元；法國第三，為 1 兆 4,496 億美元；日本 MNE 排名降為第四，高達 1 兆 2,478 億美元。從國際貿易面分析，日本於 1999 年也是世界排名第二大輸出國，高達占世界總貿易的十五分之一，僅次於美國。2009 年，全世界輸出第一大國是中國 1 兆 2,020 億美元，第二是德國 1 兆 1,271 億美元，第三是美國 1 兆 560 億美元，而日本降為第四 5,808 億美元。日本在國際貿易上面臨二大問題：(1) 日本多年來對美國貿易高度順差問題；(2) 日本非歐盟會員國，面臨高關稅阻礙問題，為紓解此二大問題，日本製造業改以積極投資採取 MNE「企業內貿易效果」策略，以因應美國特別 301 貿易條款之威脅，以及歐洲單一市場之競爭壓力，而增強在歐盟市場的產業國際競爭力，提高世界銷售總額，並由此減少母國對地主國之貿易順差，降低國際間貿易摩擦問題。並分析「企業內貿易效果」策略之成果對母國經濟發展之貢獻，以提供我國企業國際化發展之借鏡。

（一）日本對全世界企業內貿易效果策略

1. 日本產業外銷世界之國際競爭力

　　日本產業國際競爭力可分為國內產業之國際競爭力與國際產業之國際競爭力。國內產業之國際競爭力係計算國內各產業對世界輸出與輸入所得之貿易特化指數來衡量；國際產業之國際競爭力係計算 MNE 國際產業對世界輸出與輸入所得之貿易特化指數來衡量。

　　首先，以日本國內各產業對世界輸出與輸入特化指數分析，探討國內各產業國際競爭力之增強或減弱之趨勢。2000 年輸出總額 4,793

億美元，輸入 3,797 億美元，而 1990 年輸出額 2,869 億美元，輸入
額 2,348 億美元，2000 年輸出額比 1990 年成長一‧七倍。圖 9.4 中，
依 2000 年與 1990 年之產業別資料比較，以電氣機械業輸出總額名

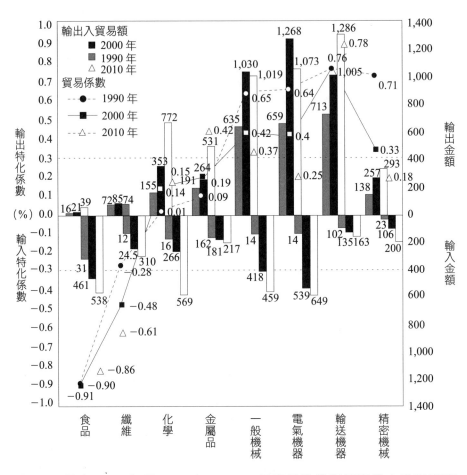

圖 9.4　日本 2010 年與 2000 年、1990 年產品外銷世界產業之世界國際
　　　　競爭力比較

資料來源：林彩梅，《經濟情勢及評論》第九卷第四期，經濟部出版，2004 年。
貿易金額：日本經濟產業省編集，《通商白書 2001》株式會社ぎょせい，平成
　　　　　13 年（2001 年）以及平成 4 年（1992 年）發行。《ジエトロ世界
　　　　　貿易投資報告》2011 年版，JETRO。

列第一，高達 1,268 億美元，比 1990 年之 659 億美元加倍成長，其次運輸機械業也高達 1,005 億美元，以及一般機械業之 1,030 億美元也比 1990 年 635 億美元成長一倍，是日本國內產業國際競爭力最強之三大產業，占國內輸出總額近 70%。此外，化學業也加倍成長爲 353 億美元。而依 2000 年各產業國際競爭力指數分析，具有高度國際競爭力垂直分工輸出特化指數的產業有輸送機械 0.76、一般機械 0.42、電氣機械 0.4，以及精密機械 0.33，具有競爭力水平分工產業有金屬品 0.19、化學 0.14；無競爭力垂直分工輸入特化指數產業有食品 –0.91、纖維 –0.48。再與 1990 年比較，國際競爭力提升之產業有輸送機械業、金屬業、化學業。整體而言，日本國內各製造業產業對全世界仍呈現具有高度之國際競爭力。

2010 年日本輸出總額 5,808 億美元，比 2000 年 4,793 億美元成長 21%。輸出機器成爲持有最高國際競爭力產業，高達 1,286 億美元，其次電氣機器在 2000 年曾是最高競爭力產業，如今降爲 1,073 億美元，以及一般機械 1.019 億美元，此三大產業即占總輸出額 58.2%。國際競爭力指數、輸送機器仍然一枝獨秀高達 0.78，其他兩產業略降爲 0.25 與 0.37 之競爭力。此外，化學品以及金屬品輸出也都高度成長，唯有食品與纖維仍然高度依賴輸入。

2. 日本 MNE 全世界子公司產業之國際競爭力

日本「國內製造業產業具有高度國際競爭力」，MNE 更積極依比較利益選擇最佳環境對外投資，技術移轉從確保當地市場至擴展當地市場以及第三國市場，採取國際產業分工，「企業內貿易效果策略」提高「國際製造業產業之國際競爭力」，擴展國內產業之國際競爭力優勢，分析如下。

日本製造業 MNE 子公司國際產業之國際競爭力，2000 年從全世界海外子公司生產，輸出總額高達 5,621 億美元，輸入總額 3,694

億美元，較 1990 年輸出的 2,619 億美元成長一倍以上，也比日本國內製造業產業輸出總額成長更高，因此對日本製造業發展之評估，必須以國內產業加上國際產業之國際競爭力之合計才適宜。依產業別 2000 年與 1990 年之比較（如圖 9.5），輸出貿易總額成長最多的是電氣機械業，從 796 億美元提高至 1,961 億美元。其次輸送機械業從 698 億美元提升至 1,662 億美元，這兩個產業都增加近三倍成長，合計占全部製造業輸出額 64%，是日本製造業 MNE 國際產業最具國際競爭力之二大產業。此外，化學業也成長近三倍爲 150 億美元。再依各產業國際競爭力之貿易指數分析，2000 年與 1990 年比較，除輸送機械升爲 0.22 外，其餘略降，但仍然持有競爭力之水平分工，電氣機械 0.15、化學業 0.32、一般機械 0.18、鋼鐵業 0.18、食品業 0.28、纖維水平分工業 0.33、精密機械業 0.14。綜合上述資料分析，各產業之輸出額都呈現高度成長，且都是有競爭力的輸出特化指數，具有高度國際競爭力。

2010 年，日本 MNE 全世界子公司，其輸出總額高達 7.916 億美元，比 2000 年 5,621 億美元增加 2,295 億美元。其中，呈現國際競爭力最高的是「輸送機器」，輸出額高達 3,733 億美元（若加上從母國輸出 1,286 億美元，合計高達 5,019 億美元，將占全世界輸送機器總輸出額 12,517 億美元的 40%），其次，情報通信機械 1,129 億美元，而電氣機器從 2000 年國際競爭力最高 1,961 億美元，降至 500 億美元，化學品提高爲 655 億美元，以及一般機械提高爲 520 億美元。只有產業國際競爭力指數都在競爭力的水平分工之範圍內。

3. 日本 MNE 全世界子公司「企業內貿易效果」策略

MNE 子公司國際產業國際競爭力的高度成長，與「企業內貿易效果策略」深切相關。因而本文將探討日本 MNE「世界子公司的企業內貿易效果」之總銷售額，與日本對世界的國際貿易輸出總額有何

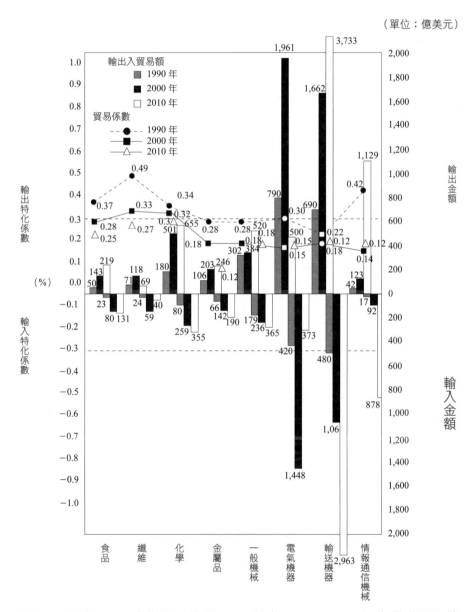

圖 9.5　日本 MNE 全世界子公司 2010 年與 2000、1990 年產業之國際競
　　　　爭力比較

註：美元與日圓以 1：100 計算。

資料來源：林彩梅（2004），《經濟情勢及評論》第九卷，第四期，經濟部出
　　　　版。貿易金額：日本經濟產業省政策局調查統計部企業統計室編，
　　　　「我國企業海外事業活動」第 31 回，平成 13 年版海外事業活動基
　　　　本調查，財務省印刷局發行；平成 24 年（2012），第 40 回、平成
　　　　15 年（2003），以及同上編集第 21 回之調查，平成 4 年（1992）。

差距；而日本對世界的「國際貿易總額」是比日本直接國際貿易高達多少；對減少母國貿易順差之效果如何，依 2009 年與 2000 年資料比較分析如下（全世界子公司企業內貿易效果策略）。

2010 年日本對全世界全產業之「國際貿易」總額 11,330 億美元，輸出高達 5,808 億美元，輸入 5.522 億美元，（如表 9.1）。回銷母國 1,733 億美元，減少母國貿易順差。

日本 MNE 全世界子公司全產業「全地域子公司企業內貿易效果」總額高達 29,094 億美元。其中，銷售為 16,532 億美元，購買為 12,562 億美元。依此資料計算，日本對全世界的「國家總貿易額」，是日本「國際貿易額」加上「MNE 企業內貿易額」之合計（即 11,330＋29,094），高達 4 兆 424 億美元。是日本對全世界國際貿易額的近三‧五倍，值得世界各國對日本經濟評估者之重視，以及為國家經濟發展 MNE 之策略。

再從 MNE 子公司企業內貿易銷售額 16,532 億美元，是日本對全世界外銷 15,808 億美元的二‧八倍。況且子公司從母國輸入 4,218 億美元，占日本外銷 5,808 億美元的 73% 確保母國市場之貢獻。日本外銷全世界總金額中，MNE 企業內貿易效果占高達 73% 之貢獻。

MNE「全世界子公司企業內貿易效果策略」製造業 2010 年與 2000 年比較分析，銷售總額從 5,621 億美元增至 16,532 億美元；購買總額也從 3,694 億美元增至 12,562 億美元，都增加近三倍。分析其發展策略，為降低貿易順差，穩定外國購買訂單，在世界子公司向母公司或母國輸入，從 1900 年 38% 而 2000 年減少為 34%，世界對日貿易順差減少之策略，轉從第三國增加採購由 16% 提升為 19%（以亞洲最多，占 52%），而地主國依然以國內採購為重點，提升為 49%；銷售面以地主國內銷為主，從高達 70% 略降為 61%，轉對第三國外銷略從 19% 提高至 29%（以亞洲 32% 與美洲 30% 最多）、回銷母國從 11% 略降為 10%。換言之，日本 MNE 世界子公司，採

表9.1　日本MNE全世界子公司企業內貿易效果（2010年與2000年比較）

（單位：億美元）

貿易內容（全產業）			日本國際貿易（母國）①		MNE 全世界子公司企業內貿易（地主國）②	日本國家總貿易 ① + ②
母國	2010 年 輸出總額（E）5,808 輸入總額（I）5,522（順差286）				銷售 銷售總額 16,532 購買總額 12,562	輸出總額： 5,808 + 16,532 = 22,340 輸入總額： 5,522 + 12,562 = 18,084 國家貿易額： 11,330 + 29,094 = 40,424
製造業	日本 MNE 全世界子公司（上）2000 年與（下）1990年比較				1. 全世界子公司銷售額／母國外銷額 = 高達 2.8 倍 16,532/5,808 = 2.8 2. 子公司從母國輸入額對母國外銷全世界有 73% 之貢獻 4,218/5,808 = 0.73 日本外銷全世界 73% 靠 MNE 企業內貿易效果	
			金額	%		
	銷售	對母國回銷	1,597 611	10 11		
		對第三國外銷	4,860 1,073	29 19		
		對地主國內銷	10,075 3,937	61 70		
		小計	16,532 5,621	100		
	購買	從母國輸入	4,218 1,422	34 38		
		從第三國輸入	2,354 588	19 16		
		從地主國國內採購	5,990 1,684	47 46		
		小計	12,562 3,694	100		
		合計	29,094 9,315			

取企業內貿易效果策略，不僅擴展輸出代替效果，更增加母公司輸出誘發效果近三倍成長，從擴大世界市場策略，也降低貿易順差國際貿易摩擦之問題。

（二）日本對美國企業內貿易效果策略

1. 日本產業對美國外銷之國際競爭力

美國是日本對外投資與貿易的第一大國，日美之間的貿易順差也最多。日本 MNE 美國子公司如何因應美國特別 301 貿易之威脅，運用企業內貿易效果策略，提高母子公司銷售總額，並減少日本對美國貿易順差、擴大美國市場，如下分析。

「日本對美國製造業產業國際競爭力」2000 年與 1990 年之比較，2000 年對美國輸出總額高達 1,424 億美元，比 1990 年 915 億美元有 71% 成長，輸入總額 721 億美元。依產業別輸送機械對美國市場輸出最多，高達 438 億美元，比 1990 年 302 億美元增加 50%，其次電氣機械也高達 330 億美元，更成長 65%，一般機械 313 億美元也增加 50%，此三大產業輸出額占對美國總輸出高達 76%，其他精密機械 81 億美元也加倍成長，化學 64 億美元高達二‧三倍成長，但其餘金屬品、纖維、食品幾乎沒有增加（見圖 9.6）。

依國際競爭力貿易特化指數分析，仍具有高度國際競爭力、垂直分工高度輸出特化之產業，包括輸送機械高達 0.75、一般機械 0.4、電氣機械 0.34、金屬品 0.4、纖維 0.11、無競爭力水平分工輸入特化產業，包括化學 −0.05、精密機械 −0.05；而食品是高度依賴輸入 −0.33，依上述資料分析，日本對美國市場多數產業不只具有高度國際競爭力，並且積極加強擴展當地市場策略。

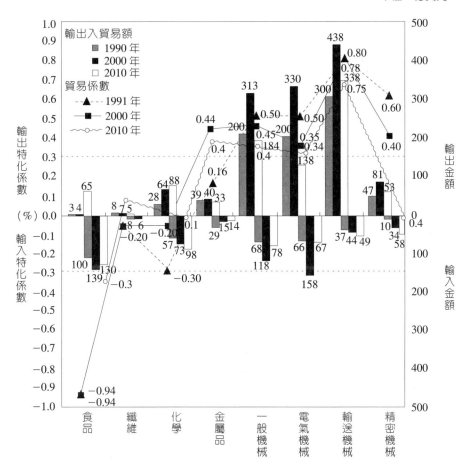

單位：億美元

圖 9.6　日本 2010 年、2000 年與 1990 年對美國產業國際競爭力

資料來源：《ジェトロ世界貿易投資報告》，2011 年版，JETRO：輸出入特化係數，林彩梅計算。

2. 日本 MINE 美國子公司企業內貿易效果策略

2010 年日本爲降低對美貿易摩擦問題，對美國全產業之國際貿易總額從 2000 年的 2.147 億美元減少爲 1,527 億美元，輸出爲 937

億美元，輸入為 590 億美元，貿易順差 347 億美元。

　　從日本 MNE 美國子公司全產業分析「美國子公司企業內貿易效果」總額高達 8,500 億美元，其中，輸出為 4,849 億美元，輸入為 3,651 億美元，因此日本與美國間的「國家貿易額」，高達 1 兆 27 億美元（即 1,527 ＋ 8,500），是日本對美國國際貿易額的六・五倍之多，輸出總額（937 ＋ 4,849）5,786 億美元，則是日本對美輸出的六・一倍，值得產官學界重視（如表 9.2）。

　　製造業日本 MNE 美國子公司「企業內貿易效果」分析，依近十年比較，購買面從 1,281 億美元提升至 3,651 億美元，而銷售面也從 2,147 億美元提高至 4,849 億美元，均高達近三倍之成長。從日本 MNE 美國子公司企業內貿易效果策略分析，為減少日本對美國貿易順差，購買面從母國輸入由 1,435 億美元仍然為 40%，大力從美國國內購買雖從 53% 略降，但仍然高達 49%，從第三國輸入僅由 7% 略升為 11%（亞洲輸入最多）；銷售面仍然以美國國內市場為主，從 91% 降為 70%，轉向對第三國輸出從 6% 增加為 26%（以北美區域內最多，高達 80%），回銷母國仍然僅為 4%。換言之，採取加強輸出代替效果，確保對母國輸出誘發效果之需求，日本 MNE 採取略減從母國輸入，大力從美國購買，以及擴大美國市場、增加對第三國外銷為目標。

　　日本對美國市場外銷中，MNE 企業內貿易效果占高達 100% 之貢獻。日本 MNE 美國子公司從母國輸入 1,435 億美元，高於日本對美國之輸出 937 億美元，不但確保母國外銷，也擴大美國市場，尚減少 498 億美元貿易順差之貢獻。

表 9.2　日本 MNE 美國子公司企業內貿易效果（2010 年與 2000 年比較）

（單位：億美元）

貿易內容（全產業）		日本對美國國際貿易（母國）①		日本 MNE 美國子公司企業內貿易（地主國）②	日本國家總貿易 ① + ②
母國	2010 年 輸出總計 937 ⎤ 輸入總計 590 ⎦ 1,527 順差（347）			銷售 4,849 ⎤ 購買 ⎦ 8,500 3,651	輸出總額： 937 + 4,849 = 5,786
地主國（製造業）	日本 MNE 美國子公司企業內貿易（上）2010 年與（下）2000 年比較			1. 美國子公司銷售總額是母國對美輸出額的高達 5.2 倍。 （4,849 ÷ 937 = 5.2） 2. 美國子公司從母國輸入額高於母國外銷美國總額。不但確保美國市場並降低對美貿易順差 498 億美元之效果 （1,435 – 937 = 498） 日本外銷美國市場，100% 靠 MNE 企業內貿易效果。降低貿易順差 498 億美元	輸入總額： 590 + 3,651 = 4,241 國家總貿易額： 1,527 + 8,500 = 10,027
			金額	%	
	銷售	對母國回銷	178 58	4 3	
		對第三國外銷	1,253 135	26 6	
		對地主國內銷	3,418 1,954	70 91	
		小計	4,849 2,147	100	
	購買	從母國輸入	1,435 516	40 40	
		從第三國輸入	413 88	26 6	
		從地主國內採購	1,803 677	49 53	
		小計	3,651 1,281	100	
		合計	8,500 3,428		

資料來源：同表 9.2，美國統計資料，林彩梅之研究。

3. 產業別競爭力策略

(1) 輸送機械業

日本 MNE 美國子公司在美國市場之產業競爭力分析，競爭力最高產業為輸送機械，2010 年銷售方面，從 2000 年銷售額 787 億美元提高為 1,047 億美元，25% 成長（如表 9.3）。因此，該產業在美國市場銷售總額（787 ＋ 1,047）高達 1,834 億美元。從企業內貿易效

表 9.3　日本 MNE 美國子公司輸送機械業競爭力

（單位：億美元）

		日本 MINE 美國子公司（上）2010 年與（下）2000 年比較	
		金額	%
輸送機械業	銷售		
		對母國回銷 16 / 14	1 / 2
		對第三國外銷 355 / 20	34 / 2
		對地主國內銷 676 / 753	65 / 96
		小計 1,047 / 787	100
	購買		
		從母國輸入 222 / 161	23 / 32
		從第三國輸入 96 / 18	10 / 4
		從地主國內採購 659 / 322	67 / 64
		小計 977 / 501	100
	合計	2,024 / 1,288	

資料來源：同表 9.2 之美國統計資料，林彩梅之研究。

果分析，輸送機械銷售總額 787 億美元中，以對地主國內銷為主，從 96% 降為 65%，轉向第三國外銷從僅為 2% 提高至 34% 之策略，回銷母國僅 1%，購買方面總額 501 億美元中，從地主國購買 64% 提升至 67%，從母國購買雖從 32% 略降，但仍高達 23%，第三國市場從僅有 4% 提升為 10%。綜合上述資料可知，輸送機械業日本 MNE 美國子公司之企業貿易效果策略，從輸出代替效果大幅增加 1,047 億美元，促進母國輸出誘發效果大幅增加，從母國輸入高達 1,222 億美元，占母國對美國輸出總額 337 億美元有 66% 之貢獻。

（三）日本對歐盟企業內貿易效果策略

1. 日本產業對歐盟外銷之國際競爭力

歐洲單一市場 2010 年加盟國發展至今已 27 個國家（有 10 個共產國家加入聯盟），總人口高達 5 億人以上。經濟規模可與美國相比，成為世界最大市場，極受世界各國 MNE 所重視。

2000 年與 1990 年之比較，2000 年日本製造業產業對歐盟輸出額為 782 億美元，比 1990 年的 535 億美元，成長 46%，輸入額 468 億美元（1990 年 350 億美元）。最高國際競爭力產業為電氣機械，輸出額高達 220 億美元，比 1990 年 179 億美元成長 22%，輸入額為 54 億美元；其次一般機械 202 億美元，成長 34%，輸送機械雖高達 174 億美元，但略微減少（如圖 9.7）。此三種產業輸出額合計 601 億美元，占總輸出高達 77%。其他產業成長很少，甚至減少。依國際競爭力貿易指數分析，三種產業都略降，但仍是具有高度競爭力的垂直分工，電氣機械 0.6，輸送機械與一般機械兩者都是 0.5。

2010 年日本製造業產業總貿易額 1,315 億美元，也比 2000 年 202 億美元略減，對歐盟輸出額為 724 億美元，比 2000 年的 783 億美元略少，輸入額 597 億美元，比 2000 年 468 億美元增加。最高

單位：億美元

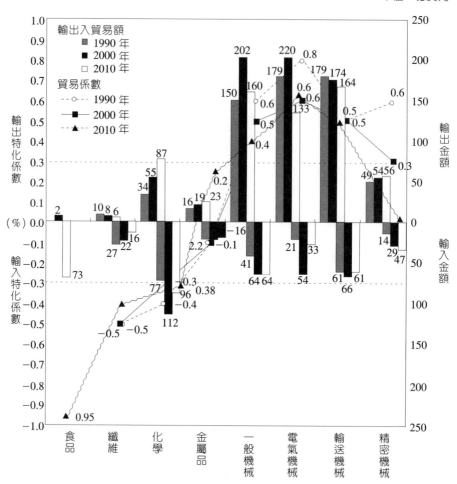

圖 9.7　日本 2010 年、2000 年與 1990 年對歐盟外銷產業別國際競爭力之比較

資料來源：《ジェトロ世界貿易投資報告》，2011 年版，JETRO：輸出入特化係
　　　　　數林彩梅計算。

國際競爭力產業為輸送機械，輸出額高達 164 億美元，比 2000 年的 174 億美元減少，輸入額為 61 億美元；其次一般機械 160 億美元，電氣機械從 220 億美元降為 133 億美元（如圖 9.4）。此三種產業輸出額合計 457 億美元，占總輸出高達 63%。其他除了化學產業成長之外都減少。依國際競爭力貿易指數分析，仍然具有高度競爭力的垂直分工，電氣機械 0.6，輸送機械 0.5、一般機械 0.4、金屬品 0.21，其餘都依賴輸入，尤其食品高達 –0.95 無國際競爭力。

2. 日本 MNE 歐盟子公司企業內貿易效果策略

日本因非歐盟會員國，貿易上遭遇高關稅之阻礙，為此日本 MNE 對歐盟採取企業內貿易效果策略擴大歐盟市場，並提高 NME 母子公司銷售總額。

日本 2010 年與 2000 年之比較，對歐盟全產業國際貿易額為 1,315 億美元，輸出略減為 724 億美元，輸入 591 億美元。

日本 MNE 歐盟子公司 2010 年全產業分析「歐盟子公司之企業內貿易效果」，總額高達 5,009 億美元，其中，輸出為 2,858 億美元，輸入為 2,151 億美元。因此，日本與歐盟間之「國家總貿易額」（1,315 ＋ 5,009）高達 6,324 億美元（如表 9.4），是日本與歐盟間國際貿易總額的四 · 八倍，國家總輸出額高達 3,582 億美元，是日本對歐盟輸出的四 · 九倍，值得企業界重視。

日本製造業 MNE 歐盟子公司企業內貿易效果策略，運用歐盟 27 國之特色，大幅增加歐盟區域間之貿易，銷售面從 2000 年的 988 億美元，增加至 2,858 億美元，成長近三倍。輸出替代效果大幅增加，也促進母國輸出誘發效果更為增加，因此購買面也從 616 億美元增至 2,151 億美元，成長近三 · 五倍。購買面之分析，從母國輸入，從 40% 提高達 43%，從地主國購買則由 43% 降為 24%，轉向從第三國輸入則由 17% 提高至 33%（以歐盟區域內 504 億美元最多，占

表9.4　日本 MNE 歐盟子公司企業內貿易效果（2010年與2000年比較）

（單位：億美元）

貿易內容（全產業）			日本對歐盟國際貿易（母國）①		日本 MNE 美國子公司企業內貿易（地主國）②	日本國家總貿易 ①＋②
母國	2010年 輸出總計 724 輸入總計 591 ⎤ 1,315 　　順差（133）				銷售 2,858 購買 ⎤ 5,009 2,151	輸出總額： 724＋2,858 ＝3,582
地主國（製造業）	日本 MNE 歐盟子公司企業內貿易（上）2010年與（下）2000年比較				1. 歐盟子公司銷售額是母國對歐盟外銷額的近四倍。 （2,858÷724＝3.95）	輸入總額： 591＋2,151 ＝2,742
		對母國回銷	金額	%	2. 歐盟子公司從母國輸入額高於母國外銷歐盟。100% 確保歐盟市場。 （723÷724＝近於1）	國家總貿易額： 1,315＋5,009 ＝6,324
	銷售		113 29	4 3		
		對第三國外銷	1,221 306	43 31	日本外銷歐盟總金額中，MNE 企業內貿易效果高達 100% 之貢獻。	
		對地主國內銷	1,524 653	53 66		
		小計	2,858 988	100		
	購買	從母國輸入	723 246	43 40		
		從第三國輸入	817 104	33 17		
		從地主國內採購	611 266	24 43		
		小計	2,151 616	100		
		合計	5,009 1,604			

資料來源：同表 9.2，美國統計資料，林彩梅之研究。

70%）；銷售面大幅增加對地主國內銷由 66% 略降爲 53%，轉向對第三國外銷從 31% 提高至 43%，仍占高比率（以歐盟區域內最多，高達 87%），回母國僅僅由 3% 略升爲 4%。換言之，日本 MNE 對歐盟採取區域聯盟特色，增加從地主國採購，擴大對地主國市場與第三國區域市場，加強輸出代替效果，提高對母國輸出誘發效果之策略。

日本製造業在歐盟市場銷售總額（724 + 2,858），共計高達 3,582 億美元，是日本對歐盟外銷的五倍。歐盟子公司從母國輸入額 723 億美元，高於母國外銷歐盟 724 億美元，確保歐盟市場有 100% 之貢獻，尚有降低 133 億美元貿易順差。日本外銷歐盟總金額中，MNE 企業內貿易效果占高達 100% 之貢獻。

3. 歐盟子公司產業別競爭力

2010 年日本 MNE 製造業歐盟子公司銷售總額 1,035 億美元，達 100 億美元以上之產業有二：輸送機械 352 億美元、情報通信機械 193 億美元，電氣機械從 2000 年 326 億美元大幅減少爲 75 億美元，此三種產業銷售總額 620 億美元，占歐盟子公司銷售總額 60%。從企業內貿易效果分析，2000 年電氣機械業歐盟子公司銷售總額最高 326 億美元，也比 1990 年的 104 億美元成長三倍以上，因此該產業在歐盟市場銷售總額（326 + 220）占 546 億美元，母子公司間企業內貿易額（326 + 116）高達 442 億美元，占該產業歐盟市場銷售總額的 81%。

輸送機械子公司銷售總額最多 352 億美元，因此該產業在歐盟市場銷售總額（352 + 164）高達 516 億美元。而母子公司企業內貿易銷售總額（352 + 269）高達 629 億美元（如表 9.5），從企業內貿易效果分析，銷售面最加強對第三國外銷，高達 181 億美元，從 18% 提高爲 52%，地主國內銷售從 81% 降爲 46%，對母國回銷僅 2%，

購買面總額 269 億美元，增加從地主國購買由 51% 提升至 59%，從母國輸入者從 42% 降至 22%，轉向從第三國輸入僅從 7% 提高至 19%。總而言之，2010 年輸送機械產業競爭力，增加從地方國內採購而大幅提升外銷第三國之策略。

綜合前文分析可知，日本 MNE 歐盟子公司對外投資發揮「企業內貿易效果策略」之經營績效，一來突破非歐盟會員國高關稅之助碑

表 9.5　日本 MNE 歐盟子公司輸送機械業之競爭力

（單位：億美元）

			金額	%
輸送機械業	銷售	對母國回銷	7 2	2 1
		對第三國外銷	181 34	52 18
		對地主國內銷	164 151	46 81
		小計	352 187	100
	購買	從母國輸入	59 56	22 42
		從第三國輸入	51 9	19 7
		從地主國國內採購	150 67	59 51
		小計	269 132	100
	合計		621 319	

日本歐盟 MNE 子公司（上）2010 年與（下）2000 年比較

資料來源：同表 9.2 之美國統計資料，林彩梅之研究。

壁壘，擴大國際市場，增加母子之銷售總額，二來削減母國對地主國貿易順差，緩和國際間貿易摩擦，因而對日本經濟之發展與產業國際競爭力之提升有很大的助益。

（二）日本 MNE 對北美、歐洲、亞洲子公司企業內貿易效果策略

日本 MNE 對北美、歐洲、亞洲子公司銷售與購買區域策略之比較

日本 MNE 製造業在北美、歐洲、亞洲子公司，因應各區域市場特色之差異，對北美因應美國貿易 301 之威脅，對歐洲因應日本非會員國高關稅之阻礙，對世界最大市場歐盟特色的競爭力，對亞洲因應技術移轉績效，價廉物美競爭力的提升，採取企業內貿易效果策略，提高銷售成果。依 2010 年與 2000 年資料比較（如圖 9.8）。

(1) 北美子公司

銷售區域：北美子公司 2010 年與 2000 年之比較，對北美大幅提升輸出代替效果，對北美銷售額（當地市場＋區域內市場）從 2,671 億美元略減為 1,984 億美元（如圖 9.8），占北美子公司銷售總額高達 94.7%，其中，為擴大當地市場為目的，對當地銷售從 89% 略減，但仍然高達 70.3%，另為擴大區域內市場從同一區域內僅為 3.8%，大幅增加至 24.4%；外銷方面，對歐洲外銷略降為 1.1%，回銷母國略降為 2.4%，亞洲僅為 1.8%。購置區域北美子公司對北美購買額（當地市場＋區域內市場）從 742 億美元加倍增加為 1，143 億元（如圖 9.9），占子公司購買總額的 67.9%，其中從當地購買占高達 63.3%，同一區域內購買僅 4.6%，從亞洲輸入略減為 3.2%，為降低母國對北美貿易順差以及為確保美國市場，從母國輸入由 40% 大幅

（單位：億美元）

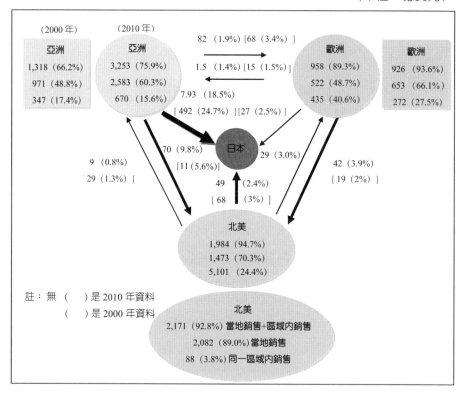

圖 9.8　日本 MNE 製造業北美、歐洲、亞洲子公司銷售區域概況（2010 年與 2000 年比較）

資料來源：日本經濟產業省經濟產業政策局編，《我國企業海外事業活動》第 40 回，平成 23 年（2011）。

降爲 27.20%。

(2) 歐洲子公司

銷售區域；歐洲子公司對歐洲銷售從 926 倍美元略微成長爲 958 億美元，占總銷售額 89.3%，爲確保當地市場當地銷售，從 66% 略減爲 48.7%，爲擴大區域內市場，對 EU 區域內銷售從 27% 大幅提

（單位：億美元）

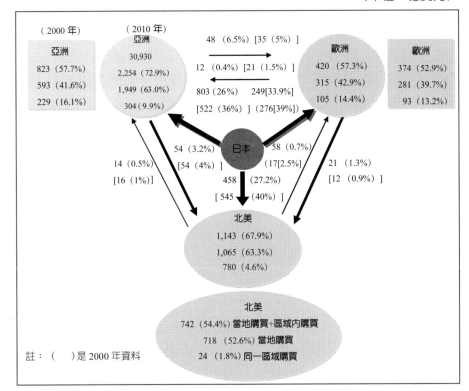

圖 9.9 日本 MNE 製造業北美、歐洲、亞洲子公司購買來源區域概況
（2010 年與 2000 年比較）

資料來源：日本經濟產業省經濟產業政策局編，《我國企業海外事業活動》第
40 回，平成 23 年（2011）。

高為 40.6%，外銷方向北美僅為 3.9%，亞洲 1.4%，回銷母國或略降
為 3.5%；購買區域（如圖 9.8）歐洲子公司對歐洲購買從 374 億美
元增加為 420 億美元，占購買總額的 573%，其中增加從當地購買從
39% 提升為 43%，對 EU 區域內購買從 13.2% 升為 14.4%，北美僅
0.7%，亞洲略增為 6.5%，從母國購買雖略降，但仍然高達 34%，確

保母國與歐洲市場（如圖 9.9）。

(3) 亞洲子公司

銷售區域：亞洲子公司對亞洲銷售總額從 1,318 億美元增為 3,253 億美元，成長二・四倍，高達 76%，採取擴大當地市場策略，增加對當地銷售從 48% 提高為 60.3%，對區域內銷售從 17% 略減為 15.6%，外銷美國僅為近 1.7%，歐洲略降為 2%，大幅增加回銷日本從 24% 略降至 18.5%，但金額卻從 492 提高至高達 793 億美元；代表亞洲子公司產品品質提升（如圖 9.8）。購買區域：亞洲子公司對亞洲購買從 823 億美元增加為 2,254 億美元，二・七倍高成長，從當地購買從 41% 提高為 63%，而增加從東協區域內購買卻從 16% 降為 10%，從北美與歐洲輸入各僅 0.5%，而從母國輸入雖從 36% 略降為 26%，但金額卻從 522 億美元增加至 803 億美元之高成長。確保母國的亞洲市場（如圖 9.9）。

綜合上述分析，北美、歐洲以及亞洲子公司從 2000 年至 2010 年「輸出代替效果」之比較，銷售策略、銷售金額北美子公司略減之外，歐洲子公司增加，亞洲子公司近三倍成長，而北、歐、亞子公司都一致呈現確保當地市場之外，都採取擴區域內市場策略，北美子公司從 3.8% 提升為 24.4%，歐洲子公司從 27.5% 提升為 40.6%，亞洲子公司從 17.4% 略降為 15.3%，但金額卻從 347 億美元提高至 670 億美元。此外，亞洲回銷日本從 492 億美元提高至 793 億美元之高成長，顯示亞洲子公司產品技術提升，在日本市場以價廉物美比北美與歐洲更有競爭力。購買策略為降低貿易順差問題，無論北美子公司、歐洲子公司以及亞洲子公司都提高從當地購買，北美 63.3%、EU42.19%、亞洲 63%。都為母國確保北美、歐洲、亞洲市場，子公司從母國輸入仍然高達北美 27.2%、EU42.9% 以及亞洲 26%。綜合上述無論北美、歐洲以及亞洲子公司，無論是輸出代替效果、逆輸入

效果，以及輸出誘發效果，是日本 MNE 母子公司銷售總額都大幅增加。

　　綜合上述，近十年日本國內或國際產業在世界市場國際競爭力輸出特化指數雖略降，但仍然持有高度水平分工競爭力，日本 MNE 母子公司企業內貿易效果之總和，更是三倍以上提升。日本多國籍企業採用「企業內貿易效果策略」，避開美國 301 要求貿易平衡的威脅，也避開非歐盟會員國的高關稅阻礙，而獲高銷售總額。

【附註】

1. 日本經濟企劃廳調整局編（1989），《日本と世界を變える海外直接投資》，大藏省印刷局，依此調查結果之百分比而分析。
2. 日本貿易振興會編（2002），〈世界と日本の海外直接投資〉，《ジエトロ投資白書》2002 年版，3 月。
3. 日本通商產業省編，《通商白書 2001》，平成 12 年 5 月。
4. 日本經濟產業省經濟產業政策局調查統計部企業統計室編（1992），〈「我が國企業の海外事業活動」第 31 回，海外事業活動基本調查〉，大藏省印刷局發行，平成 15 年（2003）以及第 21 回平成 4 年（1992）。
5. 日本通商產業大臣官房調查統計部企業統計課編，《我が國企業の海外事業活動》第 27 回，大藏省印刷局發行，平成 11 年（1999）。
6. 《ジエトロ世界貿易投資報告》2011 年版，JETRO。
7. 日本經濟產業省經濟產業政策局調查統計部，平成 23 年（2011），《我が国企業の海外事業活動》第 40 回。平成 22 年（2010）海外事業活動基本調查。

多國籍企業 PME 優勢理論

第 10 章

一、前言

　　二十一世紀世界人類都期盼是和平、幸福的世紀；企業國際化發展之目的是爲社會繁榮、國家經濟發展、人民幸福；青年的願望，希望經過教育學習，能獲幸福人生，爲社會繁榮、世界和平、人類幸福有更多的貢獻。

　　雖然聯合國對世界和平、多國籍企業道德都有規範，然而美國911 二棟世貿大樓被炸毀的恐怖事件；中東敘利亞回教國家 IS 的恐怖事件造成幾百萬難民無家可歸；美國安隆公司會計做假帳、雷曼兄弟公司倒閉事件影響各國經濟；公司生產不良產品、黑心油、毒奶粉等不利於消費者健康；人與人之間互相排斥、歧視、偏見等痛苦的人生，世界問題難於紓解。

二、大學教育問題

　　池田會長對上述世界級問題認爲：(1) 戰爭與暴力；(2) 經濟榨取；(3) 精神倫理等問題都出自於人民對「和平共生幸福精神」的缺乏、倫理道德智慧之不足、以及世界各國對「教育」的偏失所造成，重視專業性知識教育，忽視教養性智慧倫理教育。

　　池田會長啓示「和平」是人類之寶，而「教育」是建構此和平的基礎。「對立爭執」只會惡性循環，任何事情不對話就永遠無法改變事態，必須將方向轉由「對話」開闢道路的思想，要以「對話創造和平」。「對話」是基於「和平共生，您我都幸福」爲重心而對談，是「啓發」生命的基礎，而「啓發」是探究「眞理」爲對象，「對話」才是「和平」的王道。

　　世界教育問題，如下細述。

（一）大學教育者的使命 —— 經師與人師教育問題

池田會長與茲古羅夫斯基博士（2012）談到，對青年學子之培育，大學要有經師與人師。

青年之「心」需要有好的理解者，更不能缺少好的支持者。信賴青年、尊敬青年、培育青年成為比自己更優秀的人才，是「教育工作者的使命」。社會整體應以培育青年為最優先目的。

要培養青年學生成為「文化主義」的區域領袖，「人本主義」的社會領袖，「和平主義」的世界領袖，「自然與人類共生的領袖」。

「青年學子的心念」，經過不同的「教師以及教育內容」，對世界和平、人類幸福之貢獻會有很大的不同。由此可知，「教育者使命」必須經師與人師、和平共生倫理教育的重要性，即是大學教育為青年學子的幸福人生，能為世界和人類幸福之貢獻。池田大作之名著，人生哲學，心靈智慧，是教師必讀之教育寶典，集青年之力創希望黎明是大學教育者的使命。教師不只影響青年學子的幸福人生，也掌握著一國的命運，以及全人類未來之命運。

（二）商學專業性教育與倫理教育問題

世界各大學都重視「專業性知識教育」，而忽視「教養性智慧教育」，即是「和平共生精神倫理教育」。因為，人有「正心」與「私心」，當受金錢誘惑，為「己利」會利用專業性知識和技術危害人類幸福。因教育者必須加強「倫理道德教育」，啓發「正心」，發揮專業性知識教育的卓越工作成果。

世界各國商管學院課程，「企業倫理」多數為選修，雖然國家有法律制定，公司也有法律制度，因缺少企業倫理教育，美國第七大企業安隆公司會計做假帳的全球欺詐事件、花旗銀行違規事件、雷曼兄

弟倒閉事件等影響全球經濟，因此商學院必須加強「企業倫理」教育為必修科目。

（三）科學技術發展與科學倫理教育問題

湯因比博士和池田會長的《展望二十一世紀》（1999）對談集中指出，科學力量與我們的道德行為在水平的鴻溝越來越大。很憂心如果人把擁有的技術濫用於「利己主義」，不道德事件對人類就有致命的危險。

加里森博士（人本教育新潮流，2016）是美國維吉尼亞理工大學教育哲學教授，提起有個現象令他憂心，通常擁有工科博士學位的工程師，對於自己的專業智識都充滿自信，但是他們很少受過「科學倫理」方面的教育。使科學戕害人性，不利於人類幸福。

池田會長（第三任）強調，現代社會由於科學發達，物質享受豐富而多元，因商品的氾濫，更需要明確的「倫理觀」、「道德觀」和「勇氣」，才能創造有價值的生活品質。亦即不僅「利己」，還要「利他」，發揮「人本主義」，創造「新的價值」。戶田會長（第二任）曾經強調，我們瞭解科學知識是可用於「善」也可用於「惡」的「雙刃劍」。科學的進步能對人類幸福貢獻，是必須有「倫理道德」智慧活用的科學知識。

池田會長舉例，羅特布拉特博士（英國人）是負責原子炸彈開發計畫的科學家，他努力把「人本主義」帶進科學，因而他退出原子炸彈開發計畫，而把放射性元素用於治療「惡性腫瘤」，對人類健康做出有益的貢獻。科學家的工作是對人類「幸福」要有貢獻，而不是破壞人類幸福。「科學技術研究的發展」要與「科學道德」並重。

（四）科學技術國際交流與人道思想教育問題

　　池田會長指示，科學技術在世界上已具有巨大力量，因此需立足於人類健康的「人道思想」上。科學家絕不能缺少「人道行為」與「人道合作」。如今地球「環境問題」、「能源問題」、人類生存相關的基因操作問題以及新型病毒傳染的醫學問題等，都需要國際間科學合作的領域無限擴大。因此，亟需以「人道思想」為基礎的大學間之教育交流、科學交流，也勢必其有更大的責任。基於此，科學技術教育不僅需要加深學術性，更須加強科學倫理教育。

（五）宗教精神與科學教育問題

　　物理學家愛因斯坦指陳欠缺「宗教」的科學或缺乏「科學」的宗教，都是不完全的。其真理並非要接受「教義」，但若無宗教就沒有「博愛精神」。換言之，重視的不是特定的宗教教義，而是具有普世價值「博愛精神」的宗教情感。宗教未能成為走向和平的現實力量，是宗教應有的深刻反省。例如：IS 問題。

　　宗教是讓人類能享受真正的幸福。真正的宗教應指導科學，如果科學用在「戰爭或是暴力」，人類將會極為不幸（池田大作，2014）。因此宗教應指導科學用在「和平與人類幸福」。

　　人類信仰會有不同，但為了和平與人類幸福，應該使宗教間「對話」、「合作」的潮流成為世界的趨勢。

　　池田會長強調，「各宗教要回歸創始人的原點」。任何宗教的創始人都會講「生命尊嚴」及「人人平等」，標榜「非暴力」的「慈悲」、「愛」等思想，企圖解決民眾的不幸。因此，任何宗教都要回歸創始人的原點理念。從「共存」發展到「合作」之鑰，開放各宗教的睿智互相發揮的途徑。

（六）「農業綠色革命」與「心的革命」教育問題

斯瓦米納坦博士（綠色革命之父，2014）參與印度的獨立運動「罷課」。深思熟慮的副校長對學生們說，如果您們想幫助國家，就應該做「學問」，若放棄學問，「對國家毫無用處」、「只會罷課英國人是不會走的」。於是他們回到學校努力求學，成為各領域的專家幫助國家。獨立運動後印度面臨飢荒，斯瓦米納坦博士為印度農業發展，至荷蘭學習馬鈴薯的遺傳學，又去英國劍橋大學，再到美國威斯康辛大學研究，1954 年回國，幫助印度面對獨立後發生的大飢荒，對糧食產業有著最大的貢獻。

池田會長提示，「克服飢餓除了科學和社會經濟的方法之外，更需要精神層面的方法，社會才會安定。」這就是「綠色革命」同時需要「心的革命」的道理。

「心的革命」的核心，在於人的「倫理道德素養」。人的「倫理道德」是成為「環境倫理」、「生命倫理」、「科學倫理」以及「政治、企業、經濟倫理」的泉源（池田大作，2014）。「心的革命」倫理道德素養，要加強「世界公民教育」。

三、世界市民教育

池田會長（2010）認為，世界公民教育訓練在於「心」，「心」不但可以無限擴大，也可以不斷深化與自強。而張鏡湖（2010）則認為，企業的成功在於「人」，而人是心之「器」，「心」改變，一切都會「改變」，「心」的力量是無限的。池田會長指示，何謂真正「和平」，「沒有戰爭」是消極的和平，積極的和平是人類都有「生命尊嚴」。人類本來可以和平共生、幸福人生，因人類忽視生命尊嚴，不尊重人權、歧視、汙辱、嫉妒、偏見、欺騙、陷害、自卑、消

極等，因缺乏「內心和平共生、精神倫理教育」，造成世界人類的不幸、企業倒閉，社會經濟衰退，以至於內亂不安、戰爭等，都是今日的世界問題。若世界公民教育能深入「內心和平共生、精神倫理教育」之成果，才能落實「外部法律制度倫理規範」，世界和平人類幸福之效果。世界市民教育訓練的內涵，從池田會長的人生哲學心靈智慧教育中選出幾個重點如下。

（一）專業性知識教育與教養性智慧倫理教育並重，培育英才

池田會長（2000）認為，世界問題是人們缺乏「和平共生精神」、人道主義競爭精神，都是大學教育的偏失，高度重視「專業性知識教育」而忽視「教養性智慧倫理教育」所造成。專業性知識教育可培育專業技術工作能力，依理，對經濟發展、人民健康都有利，但是未受「教養性智慧教育者」，例如：企業倫理、工業倫理、法學倫理、醫學倫理、新聞倫理等，若受惡人「利己之誘惑」，本性為「己利」之「私心」，將造成危害經濟問題、人民健康問題。受過「教養性智慧倫理教育者」，會持有正確的人生觀與價值觀，其「正心」將採用自他彼此都幸福之思想，會發揮「人本主義」、「和平共生精神」、「人道主義競爭精神」，不會在他國人民的犧牲上，追求自己國家的利益，對專業性知識的工作，將可發揮加倍功效，對國家經濟發展、人類健康幸福、世界和平將有很大的貢獻。因此，大學教育者必須落實「專業性知識教育」與「教養性智慧教育」，並重視培養優秀人才。公司對員工必須加強世界公民教育訓練，才能提高「幸福公司」的經營績效。

（二）和平共生精神提高國際合作成果

「和平共生精神」（池田大作，2010），是指人要重視超越種族、民族、宗教、國家孤立的狀態，強調互相交流、相互理解、互相尊重的重要性。和平共生理念的成敗關鍵在於「人」，而「教育」才能造成「人的變革」，唯有人的思維改變，才能實現「和平共生」、你我都幸福的理想，提高國際合作成果。「和平共生」之基本方針，就是「協調」勝於「對立」、「結合」勝於「分裂」、「我們」勝於「自己」。

（三）人道主義競爭精神提高國際競爭力

池田大作（2009）提出「人道主義競爭精神」，認為企業若沒有「自由競爭」，產品會變滯銷、停頓或淘汰，競爭才是企業發展活力的泉源。但是若為「利己主義」之自由競爭，國際市場必呈現獨占、互相殘殺競爭。因此，要依「國際法律與制度」、「和平共生精神」為基礎，提高企業之「人道主義競爭精神」，以達互助、互補之關係，以「雙贏」為目標，物美價廉對消費者有利，提高 MNE 國際競爭力。

（四）維護生命尊嚴提高團隊精神

池田大作（2012）指出，人與人之間必須具有維護「維護生命尊嚴」的愛心，以和平共生精神達到「和平共生，你我都幸福」。造成「生命尊嚴」問題，是文化差異問題、經濟貧富問題、種族問題以及職業高低問題等，不尊重視、汙辱、偏見而造成他人自卑、人生感到失落感，失去生存之活力。生命尊嚴、員工團隊精神在於互相尊重、關懷與寬容，才能孕育「幸福的工廠」。若缺乏「生命尊

嚴」，即使公司有很好的管理制度和福利制度，也會產生員工不幸的問題。這是因缺少「世界市民教育訓練」，缺少員工之間互相真心關懷、關愛，瞭解「心中」的問題等。例如：鴻海公司 12 名員工跳樓自殺。維護「生命尊嚴」必須：1. 同仁之間要有與人同甘共苦之心；2. 相信生命的無窮潛能，「不應問生處，宜問其所行」、「微木能生火，自卑生賢達」；3. 持續捍衛及頌揚多樣性，人與人之間無論有何差異，也要發揮人性的勇氣，以此，提高幸福工廠的團隊精神。

（五）關懷心靈復甦激發員工士氣

關懷「心靈復甦」幫助心身極痛苦之人，提高生命的活力。例如：日本 311 九級大地震存活者必須：1. 要從「共憂」以達心中「共鳴」而至「共識」；2. 尊嚴的覺醒要用心吹起殘存的火燄；3. 要傾聽對方的心聲，才能激發員工「自強」的力量。因此，關懷心靈復甦才能激發員工士氣。

（六）世界市民教育提高尊重、關懷和寬容

「世界市民教育」（池田大作，2006），是為落實和平共生精神、達成人類幸福的重要關鍵。「世界市民」之教育：1. 重視生命價值，深刻認識生命相關性的「智慧之人」；2. 對宗教、種族、民族、文化的差異不畏懼、不排斥，予以「尊重、關懷與寬容」，並從理解中成為好友重要資源的「勇敢之人」；3. 對受苦受難的人，無論遠近，都會給予關懷幫助的「慈悲之人」。因此，「世界市民教育」就是要改變現代人的「自然觀」、「生命觀」、「價值觀」，創造人類更有價值的生命，走向幸福的人生，創造社會繁榮（林彩梅，2010）。

（七）寬容之心，和平幸福共存

人類本來可以擁有和平幸福共存的社會，茲因人與人之間的「不寬容」、「不對談」，造成全世界面臨重大課題，例如：IS問題。

國際社會日益認識到冷戰結束後，仍因人種、民族、宗教間的「不寬容」，發生許多對立和糾紛。國際社會開始認識到，以「軍事力量」為中心的方法，已經不能處理日趨複雜的事態，對未來的報復也難以根本解決。例如：IS唯有「寬容」和「對談」才能解決。敞開心胸的「對話」會超越種族文化差異，產生和平友好共存。

「寬容」才是地球上所有人「和平共存」的必要條件，它是取代導致人類犯下可怕罪行之憎惡的唯一選擇。池田大作（2012）認為，「寬容」含有消極與積極兩面。現代社會的一般概念，對他人抱持事不關己或旁觀的態度，可說是「消極的寬容」。

「積極的寬容」就是站在對方的立場，透過對方的眼光凝視世界，從而產生共鳴的生存方式。亦即主動與不同文化的民族對話、互相尊重、互相學習，加深彼此的理解，才是真正「寬容的人」。因此，對於不同宗教、民族、種族之差異，不是排斥而是尊重、關懷和寬容，理解其差異成為真誠的友誼。

（八）文明對話解決一切問題

「對話」不是「談判」，談判有輸贏，贏者喜，輸者終身不服、怨恨等，造成對未來報復的擔憂。「對話」是基於你我都幸福，結論是「雙贏」。世界很多問題產生在「不對話」，引起憤怒、罷工、示威、戰爭等問題。池田會長強調，唯有透過「對話」和平共生自他彼此都幸福，才能解決問題。池田會長（2008）認為，如何將「文明的差異」帶到「文明共生」、「文明對話」將是重點。人有「差異」理所當然，不指責對方的差異，而是互相承認差異、尊重、互相學

習，傾聽對方，誠實對話，重視文明共生。

　　人類的衝突，是因「不寬容」所造成。乾涸的大地，如能以「寬容」態度並一點一滴灌進「對話」之水，「信賴」、「友誼」的沃野必會擴大。對話才是「和平」王道，和平之「根」要從青年教育建立，因此必須轉為「文明對話」。而「文明對話」並不是停留於承認相互差異、相互理解的消極與寬容，而是要創造出「互相尊敬其差異」、「互相學習」，與真誠的「對話」精神，才是根本的新地球文明，和平幸福共生。

　　即使不同文化背景，但是只要站在人類「和平與幸福」共同的基礎上，不同的文化與信念，更能豐富地奏出「共鳴」，譜寫出更加「美麗的旋律」。

四、企業國際化 PME 優勢理論

　　從上述池田大作教育觀、世界市民教育以及和平共生倫理金字塔理論，提出企業國際化發展 PME 優勢理論（林彩梅，2016），如圖 10.1 PME 優勢理論，如下分析。

（一）和平文化經營理論（P）

　　企業全球化，MNE 欲更發展，領導者必須持有「和平文化經營理念」，才能獲得不同民族、種族、宗教等異文化員工之共識與團結，因此才能更提高科技產品品質、擴大國際市場、建立高經營績效之卓越成果。「和平文化經營理念」（林彩梅，2006）內容如下。

1. 企業經營為全球人類利益極大化

　　領導者之經營理念利潤極大化，並非只考慮「企業本身利益極大化」，而是考慮「全人類利益極大化」。

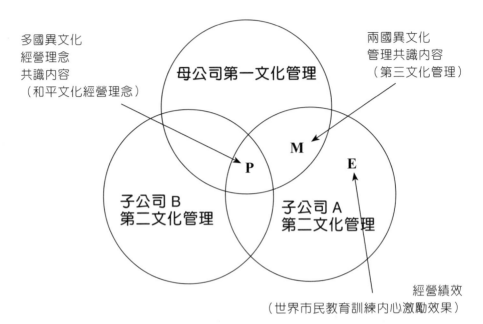

圖 10.1　多國籍企業發展 PME 理論

資料來源：林彩梅（2019），《多國籍企業論》（第七版），五南圖書出版股
　　　　　份有限公司。

2. 要有慈悲、智慧與勇氣

領導者必須持有包容人的慈悲，以及克服一切困難的智慧，此
智慧不但能拓展人類精神的創造性，也能克服人類社會面的任何危
機，並能以正義的勇氣徹底執行，提高經營績效。

3. 持有企業倫理、產業道德

領導者必須有「世界觀」、「關懷世人」，以「企業倫理」及
「產業道德」，為「員工、消費者和社會」的長期利益努力為榮。

4. 優良的「企業市民」

NNE 全球化必須遵守各國法律制度，尊重各區域的文化、習

慣，必須對地主國經濟、社會發展有貢獻，且能獲得國際社會信賴的企業市民。

5. 高科技發展重視當地人民健康

研發、生產各種高科技的產品，同時必須關懷當地之環保，以及人民之健康。

6. 世界市民和平共生精神

以「和平共生精神」，不分種族、民族、宗教信仰、膚色等文化的差異，不會排斥，而是尊重、關懷、理解多元文化，並珍惜彼此差異而成為自己友情資源，共享和平共生、人民幸福、社會繁榮。

7.「王道文化」管理

領導者要以「王道文化管理」，採「德」感化之管理方式。

不僅重視人性管理，更要重視「啟發人心管理」。對部屬之激勵從人生需求「自我實現」之成就感，以達「勝任感」的最高滿足。

8. 真誠國際友誼，共享和平與繁榮

「多民族國家和諧」的智慧，在於「真誠之心」，「心」的距離最重要。建立「真誠國際友誼」，提高國際團結合作成果，共享和平與繁榮。

9. 關懷世界市民，尊重人權

同為世界市民，要關懷他國民族與他國利益，尊重「人權」以及「尊嚴」，以達「世界和平、人類幸福」。

10. 菩薩行的企業組織

「菩薩」是形容有愛心與關懷。全體員工不只對公司盡忠職守，

更有高度關懷全球消費者幸福的內涵，並以「人道競爭精神」，提升企業的國際競爭力。

（二）第三文化管理（M）

企業國際化經營發展，越重視「和平文化經營理念」之公司，會重視員工的幸福，因此異文化管理越會採取「第三文化管理」，整合第一文化母公司的管理制度與第二文化地主國本土企業的管理制度之優點，並發揮倫理經營為基礎之優勢（J. H. Dunning, 2004），員工士氣高昂，消費者滿意度更高，獲得擴大的國際市場。

（三）世界市民教育訓練（E）對企業國際化發展之重要性

PME 優勢理論中，世界市民教育訓練（E）最難，也最重要（如圖 10.1）。池田大作認為，世界公民教育訓練在於「心」，「心」不但可以無限擴大，也可以不斷深化與自強。

張鏡湖（2010）認為，企業的成功在於「人」，而人是心之器，「心」改變，一切都會改變，心的力量是無限量的。

員工士氣以及員工的人生教育訓練，可分為一般教育訓練和世界市民教育訓練。「一般工作教育訓練」，是指教導知識與技術、技巧，對其工作績效給予獎勵或報酬之「外部獎勵效果」，但對提升員工士氣尚有限。「世界市民教育訓練」之「內心激勵效果」，是培育「和平共生精神」以及「人道主義競爭精神」，深入員工的價值觀，在內心深處建立互信與關懷，啟發員工自願為「公司、消費者、社會」長期利益而努力為榮，不求獎勵與報酬、其員工士氣最高，團隊精神最強、工作成效最好。且能提高「外部獎勵效果」，對組織整體

之效益也最高，況且員工可自享工作意義，人生之價值。世界市民教育訓練重點如下（林彩梅，2011）。

1. 「專業性知識教育」與「教育性智慧倫理教育」並重，培育優秀人才。
2. 「和平共生精神」，提高國際合作成果。
3. 「人道主義競爭精神」，提高國際競爭力。
4. 維護「生命尊嚴」，提高團隊精神。
5. 關懷「心靈復甦」，激發員工士氣。
6. 「世界市民教育」，提高尊重、關懷與寬容。
7. 「寬容之心」和平幸福共存。
8. 「文明對話」解決一切問題。
9. 為消費者的幸福人生，提高「匠心」生產高品質產品，以「關心」提高售後服務。
10. 為「公司、員工、消費者、社會」之長期利益而努力奉獻為榮；自享工作的意義、人生最高價值。

　　世界市民教育提高正確價值觀之「內心激勵效果」，自動自發為消費者幸福之工作價值觀不求報酬，其員工士氣最高，團隊精神最強，尚可提升「外部獎勵工作效果」，呈現高品質與服務成果，消費者滿意度更提升、國際競爭力最強，經營績效最高。員工自享工作之意義，人生最高之價值。「PME 優勢理論」中（E）最難也最重要。大學教育者以及公司教育訓練，都必須加強「世界市民教育」，培育企業界優秀人才，追求企業國際化發展、世界和平、人類幸福。

　　員工士氣若只有一般教育訓練，教育知識、技術、技巧等對成果給與物質獎勵之外部獎勵效果有限，最高只有 70%，因為人的慾望無窮，唯有加上世界市民教育訓練，員工發自內心為消費者的幸福人生，以匠心生產高品質，以關懷提高售後服務，而不求獎金或是職位上升等內心激勵效果，員工士氣才能高達 100%，消費者滿意度最

高，員工也感到工作的意義、人生的價值。

世界的文明衝突、企業道德問題，都在於「人」缺乏「和平共生精神」自他彼此都幸福，而人在於「教育」之偏失，造成今日的世界問題。

為青年學子的幸福人生與企業國際化之發展，為社會繁榮有所貢獻，大學教育必須「專業性知識教育與教養性智慧倫理道德教育並重」。為企業國際化發展員工的教育訓練，除了一般技術、技巧的教育訓練之「外部激勵效果」外，更需加強「世界市民教育訓練」之「內心激勵效果」，員工為「公司、消費者、社會」的長期利益而努力奉獻為榮，自享工作的意義、人生最高價值。

世界市民教育訓練對企業發展之重要性，經實證調查，歐、美、日企業都高度重視且用心落實員工的教育訓練，況且重視程度越高之公司，員工士氣越高，消費者滿意度越高，經營績效最好，為世界和平、人類幸福貢獻最大。

參考文獻

1. 池田大作（2002），〈人本主義── 地球文明的黎明〉，《和平倡言》。

2. 池田大作（2006），〈邁向新民眾時代的和平大道〉，《和平倡言》。

3. 池田大作（2009），〈人道競爭── 歷史的新潮流〉，《和平倡言》。

4. 池田大作（2011），〈奏響創造性的生命凱歌〉，《和平倡言》。

5. 池田大作（2012），〈建設維護生命尊嚴凱歌〉，《和平倡言》。

6. 池田大作（2013），〈和平共存與生命尊嚴〉，《和平倡言》。

7. 池田大作（2014），〈變革地球的價值創造，「SGI 日」〉，《和平倡言》。

8. 池田大作（2016），〈萬人的尊嚴邁向和平的大道，「SGI 日」〉，《和平倡言》。

9. 池田大作（2017），〈集青年之力創希望黎明〉第 42 回「WSGI 日」，《和平倡言》。

10. 池田大作、顧明遠（2014），《和平之橋》，劉焜輝譯，正因文化事業有限公司出版。

11. 池田大作、吉姆・加里森、拉里・希克曼（2016），《人本教育新潮流》，劉焜輝譯，正因文化事業有限公司出版。

12. 池田大作、J・湯因比（1999），《展望二十一世紀── 湯因比與池田大作對談集》，止因文化事業有限公司出版。

13. 池田大作、哈維・科克斯（2000），《二十一世紀的和平與宗教》，正因文化事業有限公司出版。

14. 池田大作、杜維明（2007），《對話的文明》，陳鵬仁譯，正因文化事業有限公司出版。

15. 池田大作、張鏡湖（2010），《教育、文化與王道》，劉焜輝、陳鵬仁譯，正因文化事業有限公司出版。

16. 林彩梅（2011），《多國籍企業論》第七版，五南圖書出版股份有限公司。

17. 池田大作、A・瓦希德（2012），《和平的哲學寬容的智慧》，陳鵬仁

譯，正因文化事業有限公司出版。

18. 林彩梅（2014），〈全球企業與員工士氣〉，《MINE 第十屆國際會議論文集》，中國文化大學。

19. 林彩梅（2016），〈「池田全球公民教育觀」── 青年建立希望、團結、和平世紀〉，《創價教育》第 9 號（2016 年 3 月）。

20. 林彩梅（2017），〈大學教育使命集青年之力創希望黎明〉，第十三屆國際會議論文集。

21. 葉保強（2013），《企業倫理》第三版，五南圖書出版股份有限公司。

22. John H. Dunning (2004). *Making Globlization Good.* Oxford.

23. 池田大作、米哈埃爾·茲古羅夫斯基（2012），《和平世紀的教育曙光》，劉焜輝譯，正因文化事業有限公司出版。

24. 池田大作（2018），〈掀起民眾潮流走向人權時代〉，《和平倡言》。

25. 池田大作、艾輪斯特·J·茲捷卡馮·魏伯樂（2018），《地球革命的挑戰》，陳鵬仁譯，臺灣創價學會出版。

26. 池田大作、M.S- 斯瓦米納坦（2014），《綠色革命與心的革命》，劉焜輝譯，正因文化出版。

27. 池田大作（2006），〈通向新民眾時代的和平大道〉，《教育倡言》。

28. 池田大作（2009），〈人道競爭 ── 歷史的新潮流〉，《紀念倡言》。

29. 池田大作（1999），《世界の指導者と語る》，株式會社潮出版社。

30. 池田大作、張鏡湖（2010），《教育、文化與王道》，正因文化事業有限公司。

31. 林彩梅（2010），〈大學乃世界公民的搖籃〉、〈開創人道競爭的新世紀〉，《池田大作思想研究論文集》，中國文化大學池田大作研究中心。

32. 池田大作、吉姆·加里森（Jim Garrison）、拉里·希克曼（Larry A. Hickman）（2016），《人本教育新潮流》，劉焜輝譯，正因文化出版。

附錄：企業倫理案例

案例 1：安隆財務作假案 2001

企業倫理案例

2001 年 12 月驚爆的安隆醜聞（Enron Scandal），為日後不斷被揭發的企業弊案掀起序幕。「安隆」（Enron）這個名詞，自此成為企業腐敗、會計作弊、企業貪婪、公司治理失敗的代名詞。2001 年安隆是美國第七大企業，同年 12 月宣布破產時，是美國當時最大宗的破產案。安隆弊案牽連很廣，涉案者不單是總部位於德州侯斯頓市的能源貿易大企業安隆，同時亦包括世界有名的會計師事務所、投資銀行、股票分析師等。那時美國國會成立了十一個專責委員會調查安隆弊案，足見案情的嚴重。安隆醜聞的情節不用改編，已經是一部很好的好萊塢電影腳本。

安隆弊案重要事件

安隆欺詐案的主事者，主要是利用「創意會計術」（creative accounting）的會計伎倆，包括使用所謂「特殊用途項目」（special purpose entities），刻意隱藏了公司巨大的負債，令這筆負債不出現在公司的收支報表上，在公司財報上作假，試圖欺騙投資者及有關單位。涉案的公司高層，包括董事長康·萊李（Ken Lay）、剛離職的總執行長傑弗里·史基林（Jeffrey K. Skilling）、財務長安德魯·法史圖（Andrew Fastow），及安隆董事局。這個財務作假案終於在2001 年被揭發，股票跌至一文不值，安隆全球的 2 萬名員工失業，安隆留下高達 150 億美元的債務。由於安隆與很多大銀行都有貸款，因此不少大銀行，包括摩根大通（J. P. Morgan）、花旗（Citigroup）等都受到拖累，摩根大通損失了 9 億，花旗則損失 8 億。美林證券

（Merrill Lynch）的一些高層被當局指控為安隆詐騙案的共犯。負責為安隆做審計的會計師事務所安德遜，由於在審計安隆上的失職，被法庭判決妨礙司法公正（安德遜在安隆案曝光後，將有關安隆案的財務文件大量銷毀），被勒令於 2003 年 8 月歇業，導致其美國的 7,500 名員工失業，英國 1,500 名員工失去工作。

安隆財務詐騙案涉及了以下一些重要事件。

1997 年，安隆收購了合夥人（partnership）一家叫 JEDI 的公司（空殼公司）股份，成立了一家由自己控制的新公司趙高（Chewco），然後將那份股份賣給這家公司。透過這類建立空殼公司的安排，安隆開始其一連串的複雜的買賣動作，將欠債虧損偷偷地隱藏起來。這樣的做法，令公司的財務變成迷宮，連熟練的分析員或投資者都弄不清公司的財務實況。2001 年下旬開始，一連串的事件引爆了這宗案子。

根據多方調查的結果顯示，1999 年 12 月中，安隆發現業績離華爾街的預期很遠，於是開始進行創意會計行為，而由法史圖剛創造出來的投資基金 LIM2 正好派上用場，用來隱瞞公司負債非常有用，那時公司與 LJM2 基金進行了多項交易，幾個月後，又從基金購買賣出的資產。這些假交易製造了一個公司亮麗的營收假象。

2001 年 8 月 14 日，安隆總執行長傑弗里・史基林突然辭職，他是在一年之內第 6 名高層行政人員離職。值得注意的是，傑弗里・史基林只在 2 月 12 日代替萊李當執行長，而萊李改作董事長。董事長萊李隨後召開投資分析員會議，大肆吹噓他本人「對公司的表現從未有過如此滿意」，會中分析員要求安隆披露更多的財務資料，但遭萊李拒絕。其後，分析員調低了安隆股票的評分，安隆股價隨即應聲下挫，跌至五十二週的最低價 35.55 美元一股（同年 2 月 20 日股價是 75.09 美元一股）。5 月副總裁伯色達（Cliford Baxter）投訴公司的空殼公司安排不恰當，其後辭職，在 2002 年 1 月底自殺身亡。

10月1日安隆的財務「黑洞」被揭發，全美震驚。10月12日，負責替安隆做會計的安德遜會計事務所（Arthur Anderson LLP）勒令那些參與審核安隆的審計師銷毀有關文件，只留下最基本的文件。10月16日，安隆公布第三季的虧損達6億1,800萬美元。10月17日，安隆將股東的股票價值減少了12億，以填補公司的有限合夥公司（空殼公司）所涉及之交易上的損失，這些有限合夥公司（空殼公司）是由公司的財務總執行長法史圖所控制的。另一方面，公司以行政改組為由，凍結了員工的401（k）退休計畫之資金，令員工無法賣出手上的股票，不久，公司股價暴跌。10月22日，公司透露證券交易委員會（Security and Exchange Commission, SEC）已經開始調查公司建立合夥關係的空殼公司。10月23日，萊李向投資人保證，公司的財政狀態健全，叫他們不用擔心。10月24日，負責控制安隆空殼公司的財務總執行長法史圖被解僱。

10月26日，《華爾街日報》報導了安隆空殼公司趙高（Chewco）公司的存在，由安隆的經理所主管。股價再跌至15.4美元一股。10月28日，萊李去電庫務司奧尼爾（Paul O'Neill）求救；據報導，10月11月間，他至少去電奧尼爾的副手六次，要求協助。10月29日，又打電話向商業部長艾雲斯（Donald Evans）求助。11月8日，安隆承認自1997年開始，公司帳目有錯漏，在超過四年期間，浮報了收入達5億8,600百萬元。12月2日安隆宣布破產時，股價暴跌至26美仙。

在2001年11月底，在公司宣布破產的前幾天，公司解僱了4,000名員工，當時公司支付給被解僱員工的福利款項達5,500美元，而約500名員工包括了11名行政人員，每人平均收到由50萬元至500萬元的遣散費。11月28日，安隆與Dyergy宣布合併失敗。11月29日，證券交易委員會展開調查安隆，及負責審核其帳目的安德遜會計師事務所。

12 月 1 日公司承認財務浮報，並申請破產保護令。安隆宣布破產時，其股票從一年多前的每股 76 美元暴跌到 26 美仙。12 月 5 日，安德遜會計事務所總裁接受國會聆訊，議員追問安隆有否違法。2002 年 1 月 10 日，安德遜被公布在前一年 9、10、11 月間，毀滅了安隆的文件；到 1 月 15 日，將負責審核安隆的總審計師解僱，並將其他數位有關的審計師進行紀律處分。

2002 年政府組成的專案小組開始對安隆案做刑事調查。2002 年 1 月 9 日，司法部門展開了對安隆的刑事調查。調查的主軸，環繞著以下幾個重點：安隆用空殼公司建立合夥公司，是否有心隱瞞負債、存心欺騙、誤導投資者？安隆的高層是否事先知道公司大難臨頭，因此即時出售了手上達 11 億元的股票，但卻鼓勵投資者及員工不斷買入股票。1 月 25 日，被指擅自將安隆文件銷毀的安德遜會計師事務所合夥人鄧肯在國會聆訊時拒絕作答。原本答應出席國會聆訊及剛辭去董事長職的安隆前主席萊李，2 月 3 日突然改變初衷，拒絕出席聆訊。

安隆的快速竄起

安隆如何從一家名不見經傳的小小天然氣公司，在短短的十幾年間，搖身一變成為美國排行第七的大企業？

1986 年，兩間小規模的能源公司 Houston Natural Gas 及 Inter North 合併起來成為今天的安隆公司，萊李被任命為安隆的執行長，當時公司的業務很簡單，公司在某一天出售某一數量的天然氣給一間能源公司或商戶。萊李懷有雄心壯志，不甘心公司做這些小額生意，那時剛好是政府推動消除能源限制，安隆立刻著手遊說的工作，大力爭取減少政府干預能源的供需。1992 年，當時期貨貿易委員會豁免了安隆及其他能源市場推廣公司受到政府的監管。當

時委員會的主席是德州參議員格爾林（Phil Gramm）的妻子溫狄（Wendy），其後她被委任為安隆董事局的董事。

安隆從這時開始，慢慢改變了經營的方式，從一個出售天然氣的公司，變成了一個能源經紀行，做能源的貿易，其後業務愈趨多元化，經營包括互聯網、提供天然氣資訊等。同時，公司四處收購其他電力公司，包括英國、印度及奧勒岡州的發電廠，亦計畫推出一個高速寬頻的電訊網絡，並與 Blockbuster Video 簽了一個二十年的合約，經營影帶生意。1997 年，安隆股票一股不超過 20 美元，但到 2000 年 8 月就飆升到 84 美元歷史新高。當時安隆股票成為投資者寵兒，很多安隆員工都將退休金轉成公司股票。

高層被指內線交易

在這次弊案中，安隆高層被懷疑進行嚴重的內線交易。在醜聞爆發之前，他們分別將手上的安隆股票賣掉，卻同時大力看好安隆前景，要職員持有股票。根據《紐約時報》（New York Times）的資料，以下是在那段期間，安隆高層賣出股票的情況：主席萊李（Ken Lay）在 2000 年 11 月到 2001 年 7 月 31 日之間，賣出了 62 萬 7,000 張股票；LouPai（Enron Xcelerator 董事）在 2001 年 5 月 18 至 6 月 7 日，賣出 100 萬張；Jim Derrick 法律顧問，2001 年 6 月 6 至 15 日賣出 16 萬張；Ken Rise（Broadbend Services 董事）2001 年 7 月 13 日出售 38 萬 6 千股；Robert A. Belfer 董事，2001 年 7 月 27 日賣出 10 萬股；2001 年 9 月 21 日賣出 10 萬 9 千股；Jeffrey K. Skilling（前總裁）2001 年 9 月 17 日賣出 50 萬股。

安隆高層有綿密的政商關係。安隆是美國史上最大的政治捐獻者，2000 年總統競選時就捐了 1,700 萬美元，其中的七成半是捐給共和黨的。除此之外，萊李苦心經營，透過大筆的政府捐獻，在國會

兩院建立了深厚的人脈，在小布希當選的前後，其政治影響力，可說是無人能出其右。萊李跟小布希的關係亦相當密切，從小布希當德州州長到當美國總統時，捐了差不多 60 萬美元給他，包括了萊李在 2001 年為小布希就職典禮的費用貢獻了 10 萬美元。安隆與政府高層的密切關聯，可想而知。2000 年，由副總統錢尼主持的能源專責小組，萊李是唯一一個能源執行長，可以親自得到錢尼接見。同年，政府的能源專責小組發表報告，支持了很多安隆所喜愛的能源建議。

安隆公司治理失效

美國參議院經過六個月的調查，在 2002 年上旬出版了一個名為「董事局在安隆破產案的角色」（The Role of the Board of Directors in Enron's Collapse）報告，揭露了董事局其實一早就被告知公司出現了問題，可惜卻沒有採取即時的阻止行動，使得安隆會計作假帳的情況越演越烈，言下之意很清楚，就是安隆的董事局失職。

案例 2：富士康員工墜樓慘劇

2010 年富士康公司的中國深圳廠區，發生了一連串的員工墜樓事件，有十數人因此輕生，震驚全球，不少傳媒與相關的勞工組織，指責富士康對待員工的方法是導致慘劇的主要原因。經此一役，血汗工廠這個黑名就如影隨形地跟著富士康，令其名譽受損。本案例主要是陳述相關事實，以展示在二十一世紀大型的代工製造業內職場狀況，藉此反思企業對員工應有的企業責任。

深圳悲劇十三跳

2010 年 1 月 8 日，那天跟平常的日子一樣，富士康深圳廠區內

的工人一如平日般工作，然而那天發生了一宗命案，開啓了製造業史上員工接二連三的自殺案序幕，震驚全球。當天一名來自河北邱縣的十九歲男工，在富士康員工宿舍墜樓身亡。跟著是 1 月 23 日，另一名十九歲的員工在富士康華南培訓處的宿舍內被發現死亡，致死原因最初認定爲「猝死」，但經死者家屬窮追不捨及媒體調查下，死因改爲「高墜死亡」，此乃廣爲媒體報導的富士康事件第一跳。3 月 11 日，富士康龍華廠區一名二十八歲男工，在宿舍墜地身亡，疑爲加班費被盜取，一時想不開輕生，此爲富士康事件第二跳。3 月 17 日，龍華區十七歲女工從區外宿舍跳下受傷，原因疑爲生活壓力，此爲富士康事件第三跳。3 月 29 日，龍華區一名二十三歲湖南籍男工，被發現死在宿舍 1 樓通道，警方認定爲「生前高墜死亡」，此爲富士康事件第四跳。4 月 6 日及 7 日在觀瀾工廠區，分別發生了兩宗女工墜樓致死案，被列爲第五及第六跳。接著，5 月連續發生了七宗墜樓自殺事件，主要都在龍華廠區。自 1 月到 5 月間，富士康共有超過十三起工人疑似墜樓尋短的悲劇。

這一連串員工墜樓事件引起各方關注，國際知名媒體及中、港、臺媒體均大幅深入報導。全球網民熱烈探討此案，中國網民對富士康反應尤其強烈，痛斥富士康爲血汗工廠，剝削工人。不少媒體懷疑悲劇跟富士康的勞動環境不佳分不開，而中國雖有保護勞工的《勞動合同法》等法令，但經常有法不執、或執法不嚴，導致勞工權益受損。另外，有 60 餘名中、港、臺學者及學生聯合組織調查團隊，在 5 月至 8 月到富士康中國七省市的十二個廠區做調查訪問，企圖瞭解眞相。臺灣 150 位大學教授公開表明，指責富士康是血汗工廠。委託富士康生產的國際品牌，如蘋果（Apple）、惠普（HP）對事件表示關注，蘋果電腦更委託公平勞動聯會（Fair Labor Association）對事件做調查。墜樓事件後，有不少員工離職，據聞離職潮最高峰的三個月內，每月人數高達 5 萬人。

　　5 月 27 日，中國國家人力資源與社會保障部、全國總工會和公安部組織的中央部委聯合組織了調查小組，進駐富士康廠區做調查。深圳市政府鑑於富士康的保安人員人數及訓練都不足，除提供再培訓外，並加派 300 名保安人員至廠區協助、深圳衛生部門派出心理醫生至富士康，對員工做心理輔導，並在區內增加文化設施，舉辦活動，紓解員工工作壓力。深圳市勞動保障部門對富士康的勞動契約、工資分配、加班時間、勞動強度做檢討及監察。

回應員工墜樓慘劇，富士康推出了一系列的措施

1. 富士康在員工宿舍裝設 150 平方公尺的防護網，並在陽臺裝上不鏽鋼窗，在樓頂裝設鋼製防護欄，並將高度拉到三公尺，以防員工墜樓。
2. 與附近的醫院合作，在龍華與觀瀾兩廠區，為員工設置心理諮詢服務，並增設輔導部門，加強對員工的心理與就業輔導。
3. 富士康在深圳就業招聘大會上，規劃招聘 2,000 名心理衛生專家，成立新部門，負責照護員工心理健康，並在園區加設 150 萬平方公尺「空中愛心網」，且開通語音專線，給員工提供心理諮詢。
4. 為了防範員工輕生，獎勵員工若發現同事行為異常，就要通知心理醫師或是部門主管，情形若屬實，公司將獎勵報告者人民幣 200 元。
5. 董事長郭台銘發信向全體員工致歉，安撫員工，承諾改善問題。
6. 回應公司認為不實報導，富士康開放廠區，讓兩岸四地 200 家傳媒入區視察生產車間及宿舍。
7. 富士康將每 50 名員工組成一個相親相愛小組，互相關懷與協助，並且盡量安排將同鄉及熟悉的人住在同一宿舍。
8. 墜樓事件發生初期，富士康對死者給予高額的撫卹金（36 萬人民

幣，並且給予其父母每年 3 萬人民幣的零用金，之後爲一人 10 萬人民幣），因此產生了「一跳保全家」的謠傳，無意地製造了扭曲的誘因，導致悲劇類生，有鑑於此，公司廢除了死亡撫卹金。

9. 要求員工簽訂《不自殺協議書》，承諾若發生非公司責任導致的意外死亡事件（自殺、自殘等），同意公司依法辦事，員工與家屬不向公司提出過當訴求，不採取過激行爲損害公司名聲。

10. 對普通員工加薪 30% 以上，每月工資從 900 元提升到 1,200 元人民幣。稍後，將通過考核的員工（包含作業員與線組長）的基本薪資 1,200 元調升到 2,000 元，漲幅達 66%，並且限制加班時限不能超過三小時，而員工每週必須休息一天。

富士康發展簡史

富士康的控股公司爲總部設在臺灣的鴻海精密工業，創辦人郭台銘向來以強悍進取、重視效率、紀律嚴明、善於經營著名。郭氏於 1974 年創辦前身名爲「鴻海塑膠企業有限公司」（簡稱鴻海公司）的小公司，員工十數人，製造黑白電視機旋鈕，1981 年生產連接器，進而生產個人電腦的連接器，1982 年改名爲今天的「鴻海精密工業有限公司」，1985 年取得美國電信客戶之訂單，其後成立「FOXCONN」做代工生產，客戶都是蘋果等國際品牌。富士康以生產效率馳名著稱，由一家小廠快速成爲全球電子產品的代工龍頭。1988 年，郭台銘在深圳開設第一家工廠，員工僅百餘人。「龍華科技園區」1996 年成立，業務發展神速，廠區不斷擴大，面積約 2.3 平方公里，成爲中國最大規模廠區之一。富士康在 2010 年時，全球已超過百萬員工，其中深圳地區就有 45 萬人，而龍華廠區更超過 30 萬人。富士康業務蒸蒸日上，業績亮麗，年均營業收入持續維持超過 50% 的複合增長率。2005 年，富士康在香港證券交易所上市。2008

年產值提升到 406 億美元，晉身全球五百大企業。富士康生產全球的品牌產品，包括蘋果的 iPod 與 iPhone、日本任天堂（Nintendo）等，享有「世界代工之王」美譽，故吸引不少年輕求職者，他們都以能成為富士康員工為榮。在深圳富士康廠門外，每天都有上千名來自各省的年輕農民工排隊應徵工作。事實上，富士康的工資比其他中型廠來得優厚及穩定，不會拖欠薪資，且有不錯的員工福利。對許多要多賺點錢來幫忙家計的員工來說，富士康另一項吸引人的是可以經常加班以增加收入。還有，富士康廠區自成一個獨立自足的社區，各式設備齊全，包括宿舍、銀行、食堂、醫院、電視臺、廣播站、雜誌社、公園、郵局、商場、超市、美食街、游泳館等，頗能滿足員工生活所需。

員工為何尋短？

對習慣於資源匱乏、生活機能缺少的農村年輕農民工來說，富士康廠區真像一個富饒的國度，是尋工者夢寐以求的幸福企業。然而，令人不解的是，為何如此令工人嚮往的大企業，會是十幾起年輕工人尋短之地？當地人常將富士康廠區比喻為一座圍城，還有以「圍城外的人想進來，圍城內的人想離開」的講法，形容富士康城內、城外截然不同的兩種心情。此講法是否內含玄機，暗示富士康亮麗的背後鮮為人知的真相？富士康若真是一座圍城，那麼圍城內的工人究竟如何工作？如何生活？他們究竟在想什麼？有何夢想？富士康員工一天是如何度過的？以下是根據公布的資料而重構的富士康職場內外一個簡圖。

工時冗長

　　中國勞動法規定了員工的法定工時、工資及加班時數。但法規跟實際的情況常有落差，很多員工的工時超標，加班時數及工資亦違反規定。工人的一天工作（含加班）大致如下：早上 6：50 起床，早餐後 8：00 上班，11：00 下班吃中午飯與小休，13：30-17：30 爲下午班，晚飯休息 1 小時，加班至 20：00。加班時數的計算方法是：在 7：30～19：30 這 12 小時內，包含中午和下午吃飯的時間，員工若是在崗的才可報每天加班 3 個半小時；加班費是正常班的 1.5 倍，週六與週日加班按 2 倍支付。不加班的工人在 16：30 就可下班。加班員工在加班後身心疲累，很少有精力做其他的社交活動，回宿舍便睡。不少工人爲了增加收入，主動要求加班。據深圳市人力資源和社會保障局的調查，5,044 名富士康受訪員工中，有 72.5% 超時加班，每人平均月超時加班爲 20.01 小時，長期超時工作，對工人累積了巨大壓力，有損身心健康。

基本薪資低

　　工人工資底薪爲 900 元人民幣，扣掉生活費則所剩無幾，深圳生活水準高，因此工人必須經由加班來增加收入。一位普通工人每月正常的工作日爲 21.75 天，平日加班爲 60.50 小時（加班費按 1.5 倍支付），報酬爲 469 元人民幣，週六、日加班爲 75 小時（按 2 倍支付），報酬是 776 元人民幣，加班總時數爲 136 小時，工資總額爲 2,145 元人民幣；換言之，工人每月收入的 60% 靠加班賺來的，然而這個加班時數將比《勞動合同法》規定的最高加班時數超出 100 小時。富士康以深圳當地制定的最低工資標準來訂工人的工資，雖然沒有違反當地勞動法，但是，這與公司躋身世界五百強企業的形象有明顯落差。

職場風險及管理嚴苛

富士康代工品牌的競爭力，建基在高效率及嚴格管理上；傳聞國際品牌公司若要短期內改良產品，並且涉及難度高的技術，必定會找富士康，而富士康都能快速回應，完成一般認為不可能的任務，令品牌公司刮目相看。問題是，擁有這種超強的競爭力要付出一定代價，其中包括高壓的職場、連帶的負面影響，以及一連串的墜樓悲劇。富士康的管理嚴格及科學化，儼然是軍事化管理，生產線上的程序、分工及輸出量都精準地規劃好，配合嚴密的監督，以達最高效率的生產。生產線上的工人就像機器的一部分，快速熟練重複同樣的動作，工人的動作互相密切關聯著，前一個工序的作業跟下一工序作業配合無間，如流水般順暢。製造業採取這種管理方式是常態，富士康並不例外，若有不同者，不過是富士康比其他製造商更有效率、管理更精準及嚴格罷了！問題是，員工是否可以長期承受完成高效率所帶來的壓力，壓力對工人的生理及心理又產生什麼樣的衝擊？富士康高壓的生產線是否合乎人道的職場？職場是如何管理的？

跟其他大型製造業的管理模式大同小異，富士康管理是層級指令式的，組織權威自上而下垂直管控。最上層發號施令，下面一層層依指令執行。在廠區內，員工的工作服顏色是用來區別員工層級及所屬廠區的：一般基層或倉庫內普通男工的服色是黑藍色，女工是紅色；核心技術人員則身穿白色工作服。不同階層的員工，分屬不同的工作區，其他員工不得隨便進入。富士康的編制包括線長、組長、課長、專理、副理、經理、協理、副總經理、總經理等，各職別還可以再細分，例如：經理可以細分成為一般經理與資深經理。生產線員工必須服從線長或組長的指令，犯錯經常會受到懲罰，有時是公開及粗暴的被責罵斥喝或被罰寫悔過書。據聞有些生產線採一人犯錯全體受罰的「連坐」罰法，懲罰不公平之外，且會導致員工之間猜疑及不信

任，破壞團隊合作。員工在害怕受罰及情緒緊張不安下幹活，根本談不上什麼合格的職場品質。

根據兩岸三地大學師生的實地調查，並且訪問了因工傷入住附近醫院的員工，富士康職場安全管理不善，許多車間不安全，工傷頻生，發生工傷亦沒有按規定辦事，且有隱瞞及謊報工傷人數，以製造職場品質水準符合品牌廠所規定的社會責任規範之假象。

參考文獻

1. 葉保強（2013），《企業倫理》第三版，五南圖書出版股份有限公司。

國家圖書館出版品預行編目資料

多國籍企業經營策略／林彩梅，戴惟天著. --
初版. -- 臺北市：五南，2020.11
　　面；　公分
　　ISBN 978-986-522-292-5（精裝）

1.國際企業　2.企業經營

553.78　　　　　　　　　109014856

1FPV

多國籍企業經營策略

作　　　者 ― 林彩梅、戴惟天

發 行 人 ― 楊榮川

總 經 理 ― 楊士清

總 編 輯 ― 楊秀麗

主　　　編 ― 侯家嵐

責任編輯 ― 鄭乃甄

文字校對 ― 石曉蓉、許宸瑞

封面設計 ― 王麗娟

出 版 者 ― 五南圖書出版股份有限公司

地　　　址：106台北市大安區和平東路二段339號4樓

電　　　話：(02)2705-5066　　傳　　真：(02)2706-6100

網　　　址：https://www.wunan.com.tw

電子郵件：wunan@wunan.com.tw

劃撥帳號：01068953

戶　　　名：五南圖書出版股份有限公司

法律顧問　林勝安律師事務所　林勝安律師

出版日期　2020年11月初版一刷

定　　　價　新臺幣390元

全新官方臉書

五南讀書趣

WUNAN Books

since1966